¿QUÉ ES EL ESTOICISMO?

Amat
editorial

Amat Editorial, sello editorial especializado en la publicación de temas que ayudan a que tu vida sea cada día mejor. Con más de 400 títulos en catálogo, ofrece respuestas y soluciones en las temáticas:

- Educación y familia.
- Alimentación y nutrición.
- Salud y bienestar.
- Desarrollo y superación personal.
- Amor y pareja.
- Deporte, fitness y tiempo libre.
- Mente, cuerpo y espíritu.

E-books:
Todos los títulos disponibles en formato digital están en todas las plataformas del mundo de distribución de e-books.

Manténgase informado:
Únase al grupo de personas interesadas en recibir, de forma totalmente gratuita, información periódica, newsletters de nuestras publicaciones y novedades a través del QR:

Dónde seguirnos:

 | @amateditorial

    | Amat Editorial

Nuestro servicio de atención al cliente:
Teléfono: **+34 934 109 793**
E-mail: **info@profiteditorial.com**

MARCO AURELIO • LUCIO A. SÉNECA

TANNER CAMPBELL
KAI WHITING

¿QUÉ ES EL ESTOICISMO?

DESCUBRE LA FILOSOFÍA DE LOS CLÁSICOS MÁS INFLUYENTES

MUSONIO RUFO • ARISTÓN DE QUÍOS • SEXTO DE QUERONEA

CRISIPO DE SOLOS • ZENÓN DE CITIO • POSIDONIO

Amat
editorial

EPICTETO • PANECIO DE RODAS

La edición original de esta obra ha sido publicada en lengua inglesa por New World Library con el título *What is Stoicism?*, de Tanner Campbell y Kai Whiting

© Tanner Campbell y Kai Whiting, 2025
© Profit Editorial I., S.L., 2025
   Amat Editorial es un sello de Profit Editorial I., S.L.
   Travessera de Gràcia, 18-20, 6.º 2.ª. 08021 Barcelona

Diseño de cubierta: XicArt
Maquetación: Fotocomposición gama, sl

ISBN: 978-84-19870-95-7
Depósito legal: B 1350-2025
Primera edición: Febrero de 2025

Impresión: Gráficas Rey
Impreso en España - *Printed in Spain*

*Para Ross y Cailean, los argumentos más
fuertes para que haya más de un bien.
Os quiero.*

TANNER

*A Taru y L. G. C.: solo vosotros sabréis
realmente si soy digno de ser llamado Estoico.*

KAI

ÍNDICE

PRÓLOGO

Al escribir este libro, nos propusimos el reto de ofrecer una visión general breve, accesible y precisa del estoicismo con el menor número de palabras y de la forma más sencilla posible. Queríamos hacerlo porque, aunque hay muchos libros sobre estoicismo, muchos de ellos (no todos) son demasiado académicos o superficiales en exceso. Pensamos que algo breve, que pudiera leerse en una sola tarde, sería útil para quienes se preguntan qué es el estoicismo y si es la filosofía de vida adecuada en su caso. También queríamos ayudar a quienes ya conocían el estoicismo de forma casual a profundizar en la filosofía y ampliar su comprensión. Independientemente de por qué estás leyendo este libro, nos gustaría que la lectura haga algo más que explicar en qué consiste el estoicismo. Esperamos que te inspire a adoptarlo como filosofía de vida y que, posteriormente, te anime a pensar con más frecuencia y profundidad sobre tus funciones y responsabilidades para que puedas desempeñar mejor tu papel en el mundo.

Sin embargo, si decides que el estoicismo no es la filosofía de vida adecuada para ti, ¡no pasa nada! Si esta es la conclusión a la que llegas después de leer nuestro libro, nos alegrará mucho que hayas llegado a tal decisión gracias a una comprensión más coherente y precisa de lo que es la filosofía estoica. Puede que consideremos que el estoicismo es una panacea para muchos de los males de la humanidad, pero eso no significa que tengamos razón o que debas pensar lo mismo.

Independientemente de las conclusiones a las que llegues sobre el estoicismo, te agradecemos la lectura del libro y tu participación en este recorrido por la filosofía estoica.

¿QUÉ ES
EL ESTOICISMO?

Hice un viaje próspero cuando sufrí un naufragio.

ZENÓN DE CITIO, fundador del estoicismo,
a través de DIÓGENES LAERCIO,
Vidas de filósofos ilustres

El estoicismo es una antigua filosofía greco-romana basada en gran medida en una ética de la virtud. La fundó Zenón de Citio hacia el año 300 a. C. Antes de fundar el estoicismo, Zenón era un comerciante que vendía un tinte conocido como «púrpura real». Este tinte era tan caro que lo utilizaba exclusivamente la élite adinerada para teñir su vestimenta, principalmente como forma de hacer patente su riqueza y estatus.

En una ocasión, mientras Zenón se dirigía a entregar un lote de este tinte al mercado ateniense, el barco en el que viajaba fue sorprendido por una tormenta. Toda la carga se perdió en el mar, pero Zenón sobrevivió. Este giro de los acontecimientos hizo que fuera a partir de entonces un inmigrante sin dinero, sin hogar, en las calles de Atenas y sin perspectivas económicas evidentes.

Enfrentado al reto de soportar esta nueva realidad, e inseguro de qué hacer con su vida, Zenón viajó casi doscientos kilómetros, a pie, para visitar al Oráculo de Delfos, una mujer famosa por sus profecías y sabiduría. La vidente aconsejó a Zenón que «adoptara la palidez de los muertos». Tras reflexionar, interpretó su consejo en el sentido de que debía «estudiar la sabiduría de los antiguos». A su regreso a Atenas, se detuvo en un pequeño puesto de libros y, según cuenta la historia, comenzó a leer los *Recuerdos de Sócrates,* de Jenofonte (una obra que es sobre todo una defensa de la filosofía socrática). Mientras leía, Zenón quedó impresionado por la grandeza de los personajes mencionados en la obra y, volviéndose hacia el tendero, le preguntó: «¿Dónde puedo encontrar a hombres como estos?». Dio la casualidad de que otro famoso filósofo, Crates el Cínico, pasaba por allí en ese mismo momento. «Siga a ese hombre», le respondió el librero, señalando a Crates. Zenón hizo lo que le había dicho. Crates el Cínico se convirtió en el primero de los muchos mentores que proporcionaron a Zenón las piezas de un rompecabezas que acabaría conduciéndolo a fundar la filosofía estoica.

Para Zenón era importante que su filosofía fuera accesible a todos. Decidió que la mejor manera de hacerlo era enseñar desde la *stoa poikile* (que significa «porche pintado»). Este pórtico es el que dio nombre al estoicismo. La *stoa poikile* era un paseo público y un pórtico conectado a un mercado donde todos —ricos y pobres, libres y esclavos— realizaban sus actividades cotidianas. Por lo tanto, todos ellos podían, al pasar, escuchar el mensaje radical de Zenón: cualquiera que sea capaz de razonar, y que tenga un deseo genuino de esforzarse por adoptar un buen carácter, puede prosperar. Con esto Zenón quería decir que se podía aspirar a «vivir una vida digna de ser vivida» (en otras palabras, que se podía alcanzar la *eudaimonia*); que, independientemente del sexo, la situación económica, el lugar de nacimiento o la posición familiar, se podía llegar a ser buena persona.

¿Qué significa «llegar a ser buena persona»? Los antiguos estoicos tenían una comprensión única de la palabra y el concepto *bien*. Los pueblos contemporáneos tienden a entender y conceptualizar el bien (y la bondad) de forma muy diferente a los antiguos estoicos. En consecuencia, esto nos lleva al primero de muchos matices importantes que los recién llegados al estoicismo tienden a pasar por alto. Así, la antigua comprensión estoica del «bien» nos proporciona el punto de partida perfecto en nuestra exploración de lo que realmente es el estoicismo.

EL BIEN
Y
EL MAL

En cada área de estudio buscamos aprender cómo una persona buena y virtuosa puede descubrir el camino que debe seguir en la vida y la forma en que debe comportarse.

EPICTETO, *Disertaciones*

Hoy en día, la gente utiliza las palabras *bueno* y *bien* de distintas maneras. Por ejemplo, podemos tener un día bueno, es decir, agradable, o podemos decirle a alguien que nos sentimos bien cuando lo que queremos decir es que nos sentimos aceptablemente bien. Un coche puede ser bueno y podemos decirle a nuestro perro que es bueno, pero ¿queremos decir lo mismo en todos estos casos? Está claro que no. Podemos considerar que un coche es bueno porque nos lleva con éxito del punto A al punto B sin ningún problema, mientras que podemos referirnos a nuestro perro como bueno porque, como la mascota que es, nos anima cuando nos sentimos mal o nos ayuda a sentirnos queridos.

Las palabras pueden cambiar de significado con el tiempo, y a menudo lo hacen. En el siglo xix, por ejemplo, la palabra inglesa *cool* significaba «frío». En el siglo xxi, sin embargo, a menudo significa algo así como «bien», «estupendo» o «interesante». Del mismo modo, la palabra *bueno*, cuando se utiliza en un contexto puramente estoico, significa algo diferente que cuando se utiliza en un contexto distinto al estoico.

En el estoicismo, esta palabra se refiere a una sola cosa: a la virtud. Para los estoicos, la virtud es el único bien. Ser virtuoso —poseer la virtud— es haber cultivado un carácter moral perfecto, justo, templado, sabio y valiente (se verá más sobre esto en el capítulo 7).

Para ser claros, en el estoicismo, la virtud no es un bien entre otros; tampoco el mayor bien; es *el único* bien. Esto significa que incluso algo tan aparentemente positivo como la paz mundial no es algo *bueno* en el sentido estoico de la palabra.

En el estoicismo, también hay un solo mal: el vicio. Caer en el vicio es tener un carácter inmoral, injusto, cobarde, ignorante y falto de autocontrol (por ejemplo, avaricioso o propenso a la ira).

De nuevo, para que quede bien claro, en el estoicismo el vicio no es un tipo de mal; no es el peor tipo de mal; es *el único* mal. Esto significa que incluso algo como la esclavitud no es *malo* en el sentido estoico de la palabra.

Ahora bien, tras haber leído la frase anterior, puede que sientas la tentación de abandonar por completo todo interés por el estoicismo..., ¡pero espera un momento! Te prometemos que no tienes por qué sacar una conclusión precipitada.

Recuerda que la concepción estoica del bien y del mal no es la misma que la que entendemos hoy en día con estas palabras. Cuando los estoicos dicen «La virtud es el único bien», no sostienen que la paz mundial no importe o que no merezca la pena como objetivo.

Más bien están subrayando que la paz mundial, en sí misma, no siempre es algo positivo.

Imaginemos, por ejemplo, que definimos la paz mundial como «la ausencia de guerra». Podría decirse que la ausencia de guerra se lograría gracias a un dictador mundial que, mediante la coacción y el miedo, creara un mundo que no conociera la guerra. En este caso, los estoicos argumentarían que bien podría estar dentro de nuestra responsabilidad entrar en guerra contra ese dictador —destruyendo así la paz mundial—, ya que es lo que la persona virtuosa haría y, por tanto, debe hacer en tal situación.

Del mismo modo, cuando los estoicos afirman «El vicio es el único mal», no están diciendo, por ejemplo, que la esclavitud no importe o que no debamos esforzarnos para abolirla. Sin embargo, podría ser que adquirir esclavos sea lo correcto en determinadas circunstancias (pese a que sea en muy pocas). Un ejemplo sería la opción de participar en el proceso legal de manumisión. La manumisión es la adquisición de esclavos con el propósito expreso de liberarlos. Es una práctica de la antigua Grecia y Roma y, de alguna manera, se sigue practicando hoy en día. Seguramente ninguna buena persona se negaría a comprar un esclavo con el fin de liberarlo de tremenda circunstancia simplemente porque se sintiera incómoda por ser amo de esclavos durante el tiempo que tarda en firmar los documentos de liberación.

Este tipo de razonamiento es el motivo por el que los estoicos no declaran absolutos morales. El contexto importa y ninguna regla (o conjunto de reglas) puede garantizar que se haga lo correcto en todas las circunstancias. Dicho esto, hacer la vista gorda ante la esclavitud o trabajar contra la paz mundial, muy probablemente, al menos en la mayoría de los contextos, diría algo terrible sobre nuestro carácter. Y si los estoicos son inflexibles en algo, lo son en afirmar que poseer un carácter terrible (movido por el vicio) es malo.

El estoicismo es una filosofía centrada en la virtud y los estoicos creen que el propósito de la vida de un ser humano es alcanzar un estado de *eudaimonia* (una vida digna de ser vivida). La única manera de conseguirlo es desarrollando un carácter bueno (virtuoso). La persona que posee tal carácter nunca actúa mal (de manera inmoral). De hecho, los estoicos sostienen que es incapaz de hacerlo. Si todo el mundo alcanzara un carácter marcado por la virtud, habría paz en el mundo. No habría esclavitud.

Para los estoicos no hay nada mejor, ni más importante, que la virtud y el desarrollo de un carácter virtuoso (y nada más terrible que el vicio, es decir, tener un carácter marcado por él). En el estoicismo, todo lo que no sea virtud (bueno) o vicio (malo) es «indiferente» (esto incluye la paz mundial, la esclavitud y todo lo que se encuentre entre estos dos ejemplos extremos).

La comprensión estoica de la palabra *indiferente* es lo que exploraremos a continuación porque tampoco significa lo que se podría pensar en un principio. A medida que avancemos en el próximo capítulo, es importante que tengas presente lo siguiente: aunque los estoicos identifican la virtud como el único bien y el vicio como el único mal, esto no significa que piensen que estas dos cosas son las únicas que importan.

LA VIRTUD
Y LOS
INDIFERENTES

Algunas cosas son buenas, otras malas y otras indiferentes; las virtudes y lo que participa de las virtudes son buenas, mientras que las cosas de naturaleza opuesta son malas; por lo que la riqueza, la salud y la reputación son indiferentes.

EPICTETO, *Disertaciones*

Hemos utilizado la palabra *virtud* no menos de una docena de veces a lo largo de las páginas que preceden a esta frase, pero aún no hemos definido exactamente qué es. ¿Qué es la virtud? Es un tipo especial de conocimiento: el conocimiento de «cómo vivir de forma excelente». Cuando alguien la posee, sabe cómo comportarse perfectamente en todas las circunstancias (en los capítulos 7 y 8 explicamos cómo se llega a este conocimiento).

Al ser un tipo de conocimiento, la virtud se expresa a través de las elecciones del individuo (ya que tomamos decisiones basadas en lo que sabemos o creemos que es correcto o verdadero). Por tanto, nuestras elecciones dicen algo sobre la calidad de nuestro carácter. Un ejemplo que quizá reconozcas: imagina que el director general de una empresa, que tradicionalmente ha pagado primas de vacaciones a sus empleados a final de año, decidiera, en un intento de aumentar los beneficios corporativos, sustituir todas las primas a los empleados por afiliaciones anuales al Club de la Mermelada.[1] ¡Eso diría mucho sobre el carácter de ese director general!

Ahora que ya tienes una comprensión básica de lo que es la virtud, podemos pasar a los indiferentes. En el estoicismo, la palabra *indiferente* (y específicamente su forma plural, *indiferentes*) se confunde a menudo con el término y concepto de *indiferencia*. Este último se utiliza para referirse a algo que no nos importa, algo que nos parece trivial o carente de relevancia. Sin embargo, el uso estoico de la palabra *indiferente* se refiere a algo que no tiene impacto alguno en la capacidad de una persona para desarrollar un carácter virtuoso (o, alternativamente, para tener un carácter vicioso).

Para comprender mejor el concepto estoico de indiferente, volvamos a los ejemplos del capítulo anterior: la paz mundial y la esclavitud. La paz mundial es indiferente porque su existencia no tiene ningún impacto sobre si los individuos poseen caracteres virtuosos (o son capaces de trabajar para poseerlos). Podemos ver fácilmente la pertinencia de esta afirmación imaginando a todas las personas que han elegido comportarse mal durante épocas en las que el mundo ha estado en paz. Del mismo modo, ser esclavo no puede impedir que una persona desarrolle un carácter virtuoso (ni puede protegerla de cultivar un carácter vicioso).

Existe incluso un ejemplo de ello en la historia del estoicismo.

Epicteto, maestro y filósofo estoico, con cuya cita comenzamos este capítulo, nació esclavo. Su madre también era esclava. De hecho, como señalan Scott Aikin y William O. Stephens, el nombre de *Epicteto* significa «adquirido».[2] A pesar de ello, Epicteto fundó su propia escuela filosófica y dedicó gran parte de su vida a ayudar a los demás a mejorar su carácter mediante la consecución de la virtud.

Por el contrario, se cuenta que uno de los amos de Epicteto, que también había sido esclavo con anterioridad, le rompió cruelmente una pierna mientras lo disciplinaba.

Ambos hombres eran esclavos, pero solo uno de ellos trabajaba activamente por la virtud. No era el hecho de ser esclavo lo que dirigía su comportamiento o dictaba la calidad de su carácter moral; eran sus elecciones individuales. Nuestras elecciones no son indiferentes, sino que, como mencionamos antes, reflejan la calidad de nuestro carácter.

Pero ¿no haría la paz mundial un poco más fácil que la gente desarrollara un carácter virtuoso?

No. Los retos a los que se enfrenta una persona que vive en tiempos de paz siguen siendo numerosos. Por ejemplo, uno puede ceder a la codicia o asesinar a alguien, independientemente de lo pacífico que sea o no el mundo en que vive. Llegar a ser una persona buena (virtuosa) no se ve favorecido (ni obstaculizado) por circunstancias o acontecimientos externos.

Puesto que un carácter virtuoso es una característica que se desarrolla internamente, nada puede facilitarlo u obstaculizarlo, excepto la disposición natural del individuo. Dicho esto, una persona puede ser más o menos receptiva a que su carácter tienda hacia la virtud: algunas personas son duras como el granito, mientras que otras son más maleables, como la arcilla.

También podría argumentarse que existe un mayor impulso para desarrollar un carácter virtuoso entre los individuos que se enfrentan a adversidades extremas en comparación con los que no se enfrentan a ninguna o a muy pocas. Después de todo, ¿qué nos impulsaría a considerar la naturaleza de nuestro carácter si tuviéramos todo el dinero del mundo y muy poca conciencia de nosotros mismos y pudiéramos utilizar con demasiada facilidad la riqueza de la que dispusiéramos para rectificar las consecuencias de nuestro comportamiento vicioso (por ejemplo, sobornando para evitar ir a la cárcel)?

No es de extrañar, por tanto, que Epicteto, uno de los estoicos antiguos mejor considerados, fuera él mismo, como ya se ha dicho, un esclavo antes de convertirse en filósofo estoico. Quizá tampoco sorprenda que el fundador del estoicismo, Zenón de Citio (a quien ya hemos conocido), esbozara el camino hacia una vida venturosa solo después de sufrir un naufragio y convertirse en un comerciante sin hogar y sin dinero, sin nada que vender.

Indiferentes: preferidos frente a no preferidos

Un «indiferente preferido» es algo que racionalmente consideramos beneficioso perseguir o poseer. La vida, por ejemplo, es, en igualdad de condiciones, preferible a la muerte porque promueve el bienestar de manera natural. Para los estoicos, la vida sigue siendo preferible a la muerte siempre que su consecución no se refleje negativamente en nuestro carácter moral, exigiéndonos un comportamiento caracterizado por el vicio. Por otro lado, el «indiferente no preferido» es algo que, de forma racional, consideramos que nos es perjudicial perseguir o poseer. Por lo tanto, es algo que haríamos bien en evitar, a menos que, al hacerlo, nuestro carácter moral se vea afectado de manera negativa.[3] Existe una tercera subcategoría de indiferentes: los indiferentes intrascendentes. Sin embargo, dada su naturaleza inconsecuente, hemos decidido no abordarlos aquí.

Para ilustrarlo, retomemos la paz mundial. Esta suele preferirse a su ausencia, lo que la convierte (la mayoría de las veces) en lo que los estoicos llamarían un «indiferente preferido». Sin embargo, la paz mundial no siempre es preferida, como explicamos con el ejemplo del tirano que gobierna en un mundo sin guerra. La paz mundial bajo ese tirano es a lo que los estoicos se refieren como un «indiferente no preferido» y la guerra, al menos en este caso, se convertiría en un «indiferente preferido».

El dinero, a modo de segundo ejemplo, es indiferente en el sentido de que la cantidad que tengamos, sea poca o mucha, tampoco influye en nuestro carácter. Más bien es la forma en que lo utilizamos o consideramos lo que dice algo sobre quiénes somos. Es cierto que nuestro bienestar físico (hasta cierto punto) mejora si tenemos al menos algo de dinero. Por tanto, no es ir en contra de la filosofía estoica preferir la riqueza a la pobreza, siempre que no interfiera con perseguir un buen carácter. Esto significa que, si de repente descubrimos que nuestra forma de ganar dinero se convierte en un mal reflejo de nuestro carácter, ¡debemos hacer algo al respecto!

Imaginemos a alguien que acepta un ascenso en el trabajo para mejorar su posición social, pero en detrimento del bienestar de su familia (quizá deba trabajar tantas horas que no pueda estar con sus hijos y su cónyuge). No hay nada malo, desde la perspectiva estoica, en que esta persona gane más dinero, pero sí lo hay en el hecho de ganarlo a toda costa. También hay algo malo en el caso de que no rectifique al darse cuenta de su error.

Muchos estoicos contemporáneos asumen de forma errónea que el dinero es siempre un indiferente preferido porque ¿quién preferiría ser pobre a asquerosamente rico? Sin embargo, pensar así es malinterpretar por completo el concepto de los indiferentes estoicos. Si algo fuera sin excepción preferido, sería siempre bueno, pero lo único que es siempre bueno, como se ha apuntado, es la virtud porque ¿cómo no podría ser siempre bueno saber cómo vivir de manera excelente?

El dinero, como la paz mundial, puede llegar a ser no preferido. Imaginemos a un ludópata que se esfuerza por superar su adicción. Si esa persona se encontrara en Las Vegas luchando contra la tentación, ¿sería preferible que tuviera acceso a dinero en ese preciso momento? ¿Qué es lo más probable que haga con él? Casi con toda seguridad, acabaría haciendo algo que refleje el vicio (ausencia de virtud) de su carácter. En tal caso, sería preferible que no contara con él.

¿Qué pasa con un indiferente no preferido como el cáncer? ¿Cómo podría ser preferible el cáncer? Bueno, a fin de cuentas depende de la alternativa. Si la alternativa es la muerte inmediata, puede que prefiramos tener cáncer junto con la oportunidad de luchar contra él y sobrevivir. Consideremos este ejemplo con más detenimiento, e independientemente de si sobrevivimos o no a la enfermedad. Tal vez el cáncer, y enfrentarnos cara a cara con nuestra propia mortalidad, nos anime finalmente a reflexionar sobre la difícil relación que hayamos podido tener con nuestros padres. Si decidiéramos, estando gravemente enfermos, tomar medidas para reparar la que ha sido una mala —incluso nula— relación, ¿cómo afectaría esto a nuestro carácter? Casi seguro que lo haría de forma positiva. Así que, en este caso, nuestro diagnóstico de cáncer nos brinda la oportunidad de elegir acercarnos a la virtud, no alejarnos de ella. Hablando en términos estoicos, siempre es mejor estar enfermo y avanzar hacia la virtud que adolecer del vicio y estar sano.

Los estoicos creen que una persona debe trabajar para distinguir si un indiferente es preferido o no en cada caso. No hay una regla general que diga «X es siempre preferido» o «Y es siempre no preferido». Por el contrario, nuestras decisiones de perseguir (o evitar) los diversos indiferentes en la vida se alcanzan considerando de forma reflexiva el contexto relacionado con la toma de tales decisiones. Los estoicos recomiendan hacer esto en todas y cada una de las situaciones, por lo que el contexto es primordial a la hora de tomar las decisiones correctas (moralmente apropiadas) y evitar las incorrectas (moralmente inapropiadas) en la vida. Es importante señalar que el simple hecho de saber qué es un indiferente, y saber que los indiferentes no tienen ningún impacto en nuestro carácter moral, no es suficiente para evitar que reaccionemos ante ellos de maneras que sí tienen un impacto en nuestro carácter moral.

Imaginemos que alguien nos llama feo, gordo o estúpido. Estas palabras no afectan a nuestra virtud. Sin embargo, esto no cambia el hecho de que alguien que nos llama así puede dar lugar a que decidamos actuar afectados por el vicio en respuesta. Por ejemplo, podemos enfadarnos tanto que le demos un puñetazo en la cara a quien nos haya insultado. ¿Qué diría esta acción sobre nuestro carácter? ¿Acaso estábamos obligados a reaccionar así? Los estoicos dirían que tal comportamiento refleja la ausencia de virtud y que, salvo en circunstancias extremas, siempre podemos elegir cómo pensar y actuar. Un ejemplo de un caso extremo sería experimentar un estado mental inducido, por ejemplo, por drogas, que perjudique de manera grave nuestra capacidad cognitiva, o un episodio psicótico. Así pues, a continuación vamos a analizar cómo enfocan los estoicos el pensamiento, la elección y la acción.

LAS IMPRESIONES Y EL ASENTIMIENTO

La tarea más importante de un filósofo, la primera de todas, es poner a prueba las impresiones y distinguir entre ellas, y no aceptar ninguna a menos que haya sido debidamente sometida a escrutinio.

EPICTETO, *Disertaciones*

Si has quedado para cenar con un amigo y llega una hora tarde a la cita, podríamos elucubrar algunas teorías sobre el motivo. Si ya ha sucedido lo mismo en varias ocasiones, podríamos pensar algo como «No le importan los planes que hacemos. Seguro que ni siquiera ha salido de casa. Menudo vago está hecho».

La historia que hemos imaginado, en respuesta a la tardanza de nuestro amigo, es una «impresión». Una impresión es lo que creemos que está ocurriendo (o lo que creemos que es cierto). En esta fase, no sabemos con certeza por qué esa persona llega tarde, pero hemos asumido que es porque no le da importancia a llegar a tiempo.

Si decidimos que la teoría es correcta y procedemos a creerla como un hecho, los estoicos dicen que se «da asentimiento a la impresión». Sin embargo, solo debemos darle asentimiento a una impresión cuando disponemos de información suficiente para justificarla. Supongamos que nuestro amigo nos envía un mensaje de texto: «¡Oh, tío, se me ha pasado por completo! Todavía no he salido». Estaríamos en lo cierto si diéramos asentimiento a esa impresión (la de que, al menos hoy, no estamos en la lista de prioridades de nuestro amigo). Sin embargo, sin esta información, los estoicos nos instruirían para que no asintiéramos, ya que al hacerlo nos arriesgaríamos a creer en una falsedad. Para ellos, asentir cuando no se ha de hacer es problemático porque, si creemos demasiadas falsedades, nuestra percepción general del mundo se deforma y, de repente, se hace mucho más difícil razonar sobre nosotros mismos y tomar decisiones que nos acerquen a la virtud y nos alejen del vicio. Después de todo, ¿cómo podemos distinguir correctamente entre el bien y el mal (en cualquier situación) si hemos malinterpretado por completo la realidad?

Volviendo al ejemplo de alguien que se dirige a nosotros con un calificativo poco amable, antes de aceptar la impresión de que el hecho de que nos llamen de esa forma nos perjudica de alguna manera, podríamos preguntarnos si lo que nos han dicho es un reflejo exacto de la realidad. Si la respuesta es negativa, ¿por qué aceptar la impresión de que las palabras se refieren a nosotros de alguna manera significativa? ¿Por qué llegar a otra conclusión que no sea que un comentario tan tonto no tiene poder ninguno sobre nosotros? Puede que se haya dicho como un insulto, pero eso no significa que debamos tomarlo como tal. A fin de cuentas, depende de nosotros elegir cómo reaccionar ante las palabras de los demás. El hecho de que otra persona haya intentado ofendernos dice algo negativo de su carácter. Cómo respondemos lo dice sobre el nuestro.

Sin embargo, ¿debería cambiar nuestra percepción si creemos que hay algo de verdad en el insulto? ¿Qué pasa si alguien nos llama gordos y tenemos sobrepeso u obesidad por tomar malas elecciones de estilo de vida? Quizá llevamos tiempo pensando que queremos estar más sanos y el insulto nos provoca porque sabemos que es un reflejo de la realidad. Tal vez estemos de acuerdo con la impresión de que, de hecho, tenemos un peso poco saludable y que deberíamos hacer algo al respecto. Quizá aceptamos otra impresión: que nuestra decisión de no ocuparnos de nuestro problema de salud dice algo negativo de nuestro carácter.

Podría parecer que nos estamos contradiciendo. Por un lado, hemos asegurado que algo como el peso de una persona, en sí mismo, no dice nada sobre su carácter. Pero ahora parece que afirmamos lo contrario. Si te das cuenta de esto, es estupendo, porque significa que estás leyendo con ojo crítico, intentando descubrir la verdad de lo que se dice (¡qué estoico eres!), pero no pasemos por alto tu preocupación, porque hay matices que queremos que comprendas.

Que te llamen gordo no es malo (relacionado con el vicio) porque el hecho de que te lo llamen no daña, *per se*, el carácter. Tener un peso poco saludable, por otro lado, podría (no definitivamente, pero podría) hablar mal de nuestro carácter si, a través de nuestras elecciones, hemos dado lugar a un físico poco saludable cuando estaba en nuestro poder hacer lo contrario. En resumen, si elegimos comer alimentos poco saludables, no hacer ejercicio y tratar mal a nuestro cuerpo, entonces no hay duda de que hemos tomado decisiones inadecuadas. Si, por otro lado, elegimos comer bien, pero tenemos sobrepeso debido a un desequilibrio hormonal, entonces nuestra capa extra de grasa no dice nada en cuanto a la calidad de nuestro carácter porque no fueron nuestras elecciones las que nos llevaron al estado actual de salud.

En otras palabras, no preocuparnos por la salud y la forma física sugiere algo negativo sobre nuestro carácter. Sin embargo, es posible que nos preocupemos mucho por la salud y la forma física, pero que no podamos hacer casi nada al respecto. Supongamos que nos condenan injustamente por un delito y nos encarcelan. En este caso, puede que no tengamos control sobre lo que comemos y que nuestra capacidad para hacer ejercicio sea muy limitada. Sin embargo, si tenemos la intención de reducir el impacto que el encarcelamiento está teniendo en la salud y elegimos hacer ejercicio siempre que podamos, entonces estamos haciendo todo lo posible para cultivar un carácter virtuoso a pesar de las restricciones impuestas externamente. Esta es una lección estoica clave: nuestra virtud es producto de nuestras elecciones, pensamientos y acciones. No depende de resultados o condiciones externas. En el ejemplo anterior, no estamos sanos, pero no por culpa nuestra. Desde el punto de vista estoico, la salud es indiferente, ya que no podemos elegir en ese sentido. Es un típico indiferente preferido, pero no necesitamos poseerlo para vivir una vida digna. Dicho esto, la elección de no hacer lo que somos capaces de hacer por el bien de nuestra salud sí que guarda relación con el vicio. Esto significa que cualquier estado de salud puede ser apropiado siempre que se hagan esfuerzos razonables para estar más sanos (o que haya una fuerza exterior insuperable que impida tales esfuerzos).

Con toda esta charla sobre elección y control pasamos ahora a otro concepto estoico: la «dicotomía del control».

LA DICOTOMÍA
DEL CONTROL

Hay cosas que están en nuestro poder y otras que no. Están en nuestro poder la opinión, la motivación, el deseo, la aversión... en resumidas cuentas, todo lo que es obra nuestra; no están en nuestro poder el cuerpo, la propiedad, la reputación, el cargo... esto es, todo lo que no es obra nuestra.

EPICTETO, *Enquiridión*

Epicteto es uno de los tres estoicos más conocidos (los otros dos son Marco Aurelio y Séneca el Joven). También es quien alumbró una idea conocida, en griego, como *eph' ēmin*, «lo que depende de nosotros», un concepto que a día de hoy se conoce como «dicotomía del control». Michael Tremblay conceptualiza el aspecto del «control» más bien como «la capacidad de decidir».[1]

Sin embargo, independientemente de la terminología exacta utilizada, la dicotomía del control es una forma de aludir a la verdad universal de que algunas cosas están dentro de nuestro poder de elección y otras no. Por ejemplo, no podemos elegir el tiempo que hace, pero sí cómo nos sentimos al respecto. Epicteto nos dice que solo ejercemos verdadero control sobre tres cosas:

- Nuestros pensamientos (incluidas algunas de nuestras emociones)
- Nuestras acciones
- Nuestras actitudes

El hecho de que solo podamos controlar estas tres cosas no implica que solo debamos preocuparnos por ellas. Al contrario, los estoicos ven a los humanos como criaturas prosociales, lo que significa que estamos llamados a preocuparnos por muchas cosas sobre las que no tenemos control. Cómo nos preocupamos por las cosas también habla directamente de la calidad de nuestro carácter. Un ejemplo: no podemos controlar a nuestros padres, pero la mayoría de nosotros estaría de acuerdo en que, en la mayoría de los casos, no seríamos un buen hijo o hija si no nos preocupáramos por ellos (porque ¿qué dice de nuestro carácter el hecho de no preocuparnos por los demás, nuestros padres incluidos?).

En pocas palabras, la dicotomía del control no consiste en aprender a no preocuparnos por las cosas (o las personas) sobre las que no tenemos control. Se trata más bien de aprender a aceptar los límites de cualquier control que tengamos y de considerar si ciertos pensamientos, actitudes o acciones son apropiados (o no) teniendo en cuenta esos límites.

Otro ejemplo. Hemos planeado un pícnic romántico con nuestra pareja y nos hemos esforzado mucho en prepararlo. Sin embargo, el día de la cita nos despertamos con un pronóstico meteorológico de fuertes tormentas. Inmediatamente nos enfadamos. Empezamos a creer que todo se ha estropeado y que el universo conspira contra nosotros.

Los estoicos nos enseñan a examinar nuestros sentimientos en esos momentos y a preguntarnos si estar disgustados haría de algún modo que dejara de llover y hubiera sol. ¿Hasta qué punto es útil enfadarse por una situación que no puede remediarse con nuestro enfado?

En cualquier caso, disgustarnos por algo suele sumirnos en un estado de incomodidad del que tardamos un tiempo, a veces horas, en salir. En este estado tendemos a no comportarnos bien; es más probable que actuemos de forma que demuestre que nos alejamos de la virtud en lugar de acercarnos a ella. En otras palabras, es más probable que olvidemos lo que está y no está bajo nuestro control, en detrimento de nuestro carácter. Volviendo al ejemplo romántico, aunque nuestro plan de ir de pícnic se haya estropeado por la tormenta, la cita no tiene por qué arruinarse: siempre podemos almorzar juntos en el salón, bajo una tienda improvisada con mantas. Sin embargo, si nos enfadamos, podemos poner en peligro la cita al elegir enfurruñarnos por algo que no podemos controlar.

Dicho esto, si finalmente sucumbimos a ese estado de ánimo negativo (o a cualquier otro tipo de espiral emocional descendente), los estoicos no recomiendan ir en contra o ignorar esos sentimientos. Aprender a expresar las emociones de la manera adecuada es primordial para prosperar y no podemos conseguirlo negando que existen. En lugar de reprimir las emociones, los estoicos abogan por una mejor gestión a través de un autoexamen constructivo, tanto a solas como, llegado el caso, con el apoyo de otras personas, incluidos los mentores (véase el Libro 1 de las *Meditaciones,* de Marco Aurelio, donde hay numerosos ejemplos al respecto). Los estoicos también nos enseñan que, al darnos cuenta de los límites de nuestro control, podemos reducir el grado en que permitimos que las cosas indiferentes afecten negativamente a nuestro carácter, lo cual es útil recordar la próxima vez que nos encontremos en una situación similar.

Por supuesto, es mucho más fácil decirlo que hacerlo. Los estoicos reconocían esta realidad y, por eso, utilizaban el término *prokoptôn* (en plural, *prokoptôntes*) para destacar que el camino hacia la *eudaimonia* consiste principalmente tanto en el aprendizaje como en la formación y el desarrollo del carácter. Con cada acción o pensamiento adecuado avanzamos en la dirección correcta por ese camino porque nos disponemos a obtener el conocimiento que nos permite vivir de forma excelente. Así que, ahora, conozcamos mejor al estoico en formación: el *prokoptôn*.

EL
PROKOPTÔN
Y EL
PROSOCHÊ

Supongamos que hablara con un atleta y le dijera «Muéstrame los hombros», y él contestara: «Mira las pesas». «Ya está bien de ti y de tus pesas. Lo que quiero ver es lo que has conseguido entrenándote con ellas».

Epicteto, *Disertaciones*

L a palabra *prokoptôn* se refiere a una persona que progresa. No es estrictamente una palabra relacionada con el estoicismo, pero en esta corriente filosófica ese progreso es el que lleva, a lo largo del camino, hacia la *eudaimonia*. Al final del camino estoico está el ideal estoico de excelencia. Por ahora, nos centraremos en cómo aquellos que son *prokoptôntes* recorren bien el camino estoico, lo que requiere que introduzcamos otra palabra: *prosochē*.

Prosochē es la práctica y el arte de prestar atención. Para progresar en el camino estoico, debemos aprender a prestar atención a las tres cosas que están bajo nuestro control: nuestros pensamientos, acciones y actitudes. También hemos de comprobar constantemente nuestras impresiones (juicios), asentimientos y deseos. Como nos recuerda el estoico contemporáneo Chris Fisher, cuando reflexionamos sobre las palabras de Epicteto (en *Disertaciones*), «el objetivo del estoicismo no es la perfección; en su lugar, es "esforzarse continuamente por no cometer faltas" con la esperanza realista de que "no relajando nunca la atención, escaparemos al menos de algunas *faltas* "».[1]

Podemos considerar el *prosochē* como un estado de concentración durante el cual estamos vigilantes sobre nuestras propias acciones y somos muy conscientes de lo que pensamos y hacemos y de la actitud correspondiente que tenemos hacia nosotros mismos, hacia los demás y hacia las situaciones en las que nos encontramos. Pierre Hadot lo compara con la conciencia moral, según la cual tratamos de purificar y rectificar nuestras intenciones y motivos.[2] En este sentido, algunos podrían preferir enmarcar el *prosochē* como un ejercicio espiritual estoico de atención plena.

¿Cómo podemos aplicar el *prosochē*, el acto de prestar atención, a nuestro día a día? Epicteto nos dio algunas pistas cuando instruyó a sus alumnos para que distinguieran entre lo que dependía de ellos y lo que no (en *Disertaciones*):

> Uno debe entrenarse a sí mismo. En cuanto salgáis de casa al amanecer, examinad todo lo que veáis, todo lo que oigáis, y responded como si os estuvieran interrogando. ¿Qué habéis visto? ¿A un hombre guapo o a una mujer guapa? Aplicad la regla: ¿está dentro de la esfera de elección o fuera de ella? Fuera. Desechadlo. ¿Qué habéis visto? ¿A alguien afligido por la muerte de su hijo? Aplicad la regla. La muerte es algo que está fuera de la esfera de elección. No podéis hacer nada. ¿Habéis conocido a un cónsul? Aplicad la regla. ¿Qué tarea tiene el cónsul? ¿Una que está fuera de la esfera de elección o

dentro? Fuera. Obviad eso también, no pasa la prueba. Desechadlo; no es nada para vosotros. Si actuáramos así y practicáramos este ejercicio de la mañana a la noche, entonces conseguiríamos algo.

¿A qué podemos y debemos prestar atención exactamente? Al momento presente. Marco Aurelio lo recordaba cuando escribió (en *Meditaciones*) que no hay nada más a lo que prestar atención: «Desecha todo lo demás, pues, y aférrate solo a estas pocas verdades; y recuerda, además, que cada uno de nosotros vive solo en el presente, este fugaz momento del tiempo, y que el resto de la vida de uno ya ha sido vivida o se encuentra en un futuro incognoscible».

Así que, para resumir, los *prokoptôntes* son estoicos en formación o en progreso, mientras que la *prosochē* es la práctica de prestar la debida atención a nuestros pensamientos, actitudes y acciones. Como *prokoptôntes*, esta práctica nos ayuda a acercarnos a la virtud.

LAS VIRTUDES CARDINALES

*La virtud no es solo conocimiento teórico;
también es práctico, como el conocimiento
médico y el musical.*

Musonio Rufo, *Disertaciones*

En el estoicismo, existen las llamadas «cuatro virtu-des cardinales»:

1. Templanza
2. Justicia
3. Coraje
4. Sabiduría

Dentro de estas virtudes cardinales hay «virtudes subordinadas» («minivirtudes», si se quiere), como la generosidad, la bondad y la honestidad (entre muchas otras). En aras de la brevedad, no hablaremos de las virtudes subordinadas.

La **templanza** se refiere a la capacidad de controlarse a uno mismo, de no excederse, de no apresurarse a dar asentimiento a las impresiones, etc. Se puede considerar como una disposición a la moderación y el autocontrol.

La **justicia** alude al trato adecuado y equitativo hacia los demás, incluida la distribución de los recursos (como agua potable, alimentos o vivienda). No se aplica solo en el sentido jurídico, sino a todas las interacciones que tenemos con nuestros semejantes y, en nuestra opinión, también con los animales y con el planeta en su conjunto.

El **coraje** hace referencia a nuestra voluntad de afrontar y soportar circunstancias difíciles pensando en el bien común. También puede entenderse como hacer lo correcto incluso cuando es más fácil hacer lo incorrecto (o, sobre todo, cuando hacerlo incomoda o duele).

La **sabiduría** nos permite navegar virtuosamente por nuestra vida. Implica saber lo que es bueno o malo y cómo perseguir de la manera adecuada los indiferentes preferidos y evitar los no preferidos.

Las cuatro virtudes cardinales se definen de tal manera que podrían parecer acciones, pero no es del todo así. Las virtudes no son acciones, sino rasgos del carácter. El carácter del sabio estoico, a través de sus elecciones (y, por tanto, también de sus acciones), demuestra que posee las cuatro virtudes cardinales: que es —y no se limita a ser— valiente, justo, dueño de sí mismo y sabio. Para comprender más fácilmente estas virtudes como rasgos de carácter, en lugar de como acciones, considera la siguiente analogía. Un culturista puede levantar mucho peso correctamente porque ha desarrollado músculo a lo largo del tiempo debido a un entrenamiento persistente y bien concebido. En este sentido, la virtud es su capacidad (a través del conocimiento necesario) para levantar correctamente el peso, y no el levantamiento en sí. Algunos de nosotros podríamos, por supuesto, levantar un gran peso incluso sin dicho entrenamiento. Sin embargo, correríamos el riesgo de lesionarnos la espalda porque, aunque poseamos la fuerza bruta, no tenemos la habilidad. Levantar mucho peso correctamente es una acción en el sentido de que es una actividad física que elegimos ejecutar, pero también es la expresión de algo que va más allá de la acción: es la expresión de un conocimiento adquirido, el de cómo levantar peso de forma adecuada (excelente si cabe).

Por eso los filósofos estoicos no describen la virtud como algo que se hace. Lo que se hace es una manifestación de lo que se es y en el estoicismo o se es virtuoso o no. Si lo eres, lo eres todo el tiempo, no solo en ocasiones o por accidente.

Entonces, ¿cómo se comporta una persona que es virtuosa todo el tiempo? Averigüémoslo en el próximo capítulo, donde hablaremos del sabio estoico.

EL SABIO
ESTOICO

No pongo al sabio en una clase distinta del resto de la humanidad ni elimino de él el dolor y la pena como si fuera una especie de roca inmune a todo sentimiento.

SÉNECA el JOVEN, *Cartas a Lucilio*

Los sabios estoicos son virtuosos. Esto significa que son personas de carácter excelente, incapaces de cometer un error moral, pero no son omniscientes ni perfectos. Los que aún no son sabios, pero están recorriendo el camino estoico, son *prokoptôntes*, están en curso, lo que, por desgracia, significa que todavía no son ajenos al vicio, al menos en el sentido estrictamente estoico de la palabra.

Puede que estés pensando: «Seguro que alguien que lleva mucho tiempo practicando el estoicismo, pero que todavía no es un sabio, debe ser, al menos, un poco más virtuoso que alguien que acaba de empezar a practicar el estoicismo o que no tiene ningún interés en esta corriente filosófica».

Pero tales pensamientos son un malentendido de las ideas estoicas fundamentales. O se es virtuoso o no se es. Si solo eres un poco injusto, sigues siendo injusto. Piénsalo como un rompecabezas. Un rompecabezas no está completo hasta que todas las piezas están colocadas correctamente. Si todas las piezas menos una están en su sitio, el puzle no está terminado. Uno incompleto puede estar más lejos o más cerca de estar terminado, pero uno terminado solo existe en un estado: con todas las piezas correctamente en su sitio.

Los estoicos también enseñan la «unidad de la virtud». Creen que ninguna virtud individual (por ejemplo, el coraje) puede expresarse sin el dominio de todas las demás virtudes (sabiduría, templanza y justicia). Por ejemplo, si fueras un juez al que le faltara coraje para condenar a alguien, difícilmente se podría decir que eres «justo». De hecho, la cobardía sesgaría tu razonamiento y arruinaría tu capacidad de juzgar con imparcialidad. Del mismo modo, difícilmente se te podría considerar sabio si no tuvieras autocontrol sobre tus pensamientos y acciones, y así sucesivamente. Recuerda que la virtud es una característica interna que está presente en un individuo que nunca actúa o piensa de forma inapropiada o inmoral. Ese individuo nunca mantendría actitudes que fueran inapropiadas o inmorales. No asentiría a impresiones incorrectas ni confundiría lo que está bajo su control con lo que no lo está.

Una vez más, esto no significa que tal persona —el sabio estoico— lo sepa todo. El conocimiento completo de todo lo que existe no es humanamente posible. Tampoco son perfectos en todo, ya que otra característica del sabio es que sabe en qué puede (o no) aventurarse, ya sea física o intelectualmente. Por ejemplo, un sabio en particular puede ser terrible montando a caballo, razón por la que nunca aconsejaría sobre la mejor manera de montar a caballo hasta que lo dominara con maestría. Y si quiere aprender a hacerlo, trataría de identificar a un maestro excelente y, a continuación, se pondría a aprender la habilidad de ese maestro. No dejaría de aprender solo porque no supiera nada sobre montar a caballo. Del mismo modo, un sabio puede saber poco sobre ciencia avanzada o matemáticas, razón por la cual evitaría dar una clase sobre estos temas hasta haber obtenido la formación necesaria para hacerlo de la manera correcta.

Entrar en un aula de ciencias como profesor cuando no se sabe lo suficiente de ciencias es inapropiado. En cambio, es totalmente apropiado entrar en el aula de ciencias como estudiante cuando no se sabe lo suficiente para enseñarlas. Un sabio, como cualquier otra persona, puede desempeñar múltiples papeles a lo largo de su vida, y el de estudiante podría ser fácilmente uno de ellos.

Quizá ahora te preguntes: «¿Ha existido alguna vez una persona virtuosa?».

Se dice que los antiguos estoicos creían que el estado de sabio era alcanzable en la práctica, no solo en teoría. Sin embargo, también escribieron que los sabios eran tan escasos como el ave fénix, lo que los hace extremadamente raros. Séneca el Joven creía que el general y estadista estoico romano Catón el Joven era un sabio. Otros señalaban a Sócrates. Sin embargo, discutir si puede existir un sabio y, en caso afirmativo, quién podría ser, carece de sentido. Al fin y al cabo, un médico tiene en mente la idea de una persona perfectamente sana. Eso no significa que el médico haya visto alguna vez a alguien que se ajuste a esa descripción, o que incluso esa persona exista. La cuestión es que los facultativos abordan su trabajo clínico como si la salud perfecta existiera y pudiera alcanzarse. Lo mismo ocurre con la excelencia del carácter. Puede que el sabio no exista en realidad, pero ¿por qué no tener al sabio ideal como objetivo mientras controlas tus pensamientos y ejecutas tus acciones?

El estoicismo es una práctica permanente de progreso gradual hacia un destino que quizá nunca se alcance. Sin embargo, lo mismo ocurre con muchos viajes. Puede que te propongas ser un neurocirujano de talla mundial, pero quizá no alcances jamás ese destino y, sin embargo, eso no significa que no debas intentarlo. Si no lo intentas, no llegarás a serlo con seguridad. También puedes perderte la oportunidad de descubrir que, aunque no seas el mejor neurocirujano, eres un psicólogo de primera clase, y no hay nada malo en abrirte esas puertas.

En el próximo capítulo cambiaremos de tercio y hablaremos del aspecto comunitario del estoicismo. Aunque el camino estoico lo recorren individuos, no es una filosofía o una búsqueda individualista o de lobos solitarios.

LOS CÍRCULOS DE CONSIDERACIÓN

Que estas palabras estén en tu corazón y en tu boca: «Soy un ser humano, nada de lo humano me es ajeno. Tengamos las cosas en común, pues hemos nacido para el bien común».

SÉNECA el JOVEN, *Cartas a Lucilio*

Los estoicos son cosmopolitas, es decir, creen que todos los habitantes de la Tierra son ciudadanos de una misma comunidad singular (una «ciudad mundial»). También creen que tenemos la responsabilidad de servir a esa comunidad de la forma que consideremos más adecuada.

Nuestras obligaciones mutuas se recogen en los «círculos de consideración» del estoico Hierocles. Se trata de un conjunto de círculos concéntricos que, desde el centro y hacia fuera, siguen este orden: «yo», «familia», «amigos», «comunidad» y «humanidad». Los círculos de Hierocles los ampliaron en 2018 Kai Whiting, Leonidas Konstantakos y otros[1] para incluir la Tierra con el fin de reflejar nuestra comprensión contemporánea del mundo no humano (animales, plantas y los demás elementos vivos e inertes del planeta). El yo está en el centro de los círculos de consideración por la misma razón que, en caso de baja presión en cabina durante un vuelo comercial, se nos instruye para que nos pongamos nuestras propias máscaras de oxígeno antes de ayudar a los demás con las suyas; si no somos versiones sanas de nosotros mismos, no podemos ayudar a los demás a convertirse en versiones más sanas de sí mismos.

Los antiguos estoicos enseñaban que debemos intentar atraer cada uno de los círculos de consideración hacia nuestro interior. En este acto consciente, acercamos a toda la humanidad a nuestro sentido del yo hasta que podemos reconocernos en toda la humanidad y a toda la humanidad en nosotros mismos. Esto no quiere decir que los estoicos estén llamados a tratar a todo el mundo exactamente de la misma manera, como si todas las personas fueran idénticas en sus creencias, comportamientos, intereses o expectativas. De hecho, sería inapropiado (y poco inteligente) tratar al cónyuge de nuestro mejor amigo de la misma manera que tratamos al nuestro. También sería insensato tratar a nuestros propios hijos como tratamos a los hijos de un desconocido.

La conceptualización de los círculos estoicos de consideración expresa dos convicciones clave dentro del estoicismo. En primer lugar, los seres humanos sentimos de manera natural una conexión más directa o apremiante hacia algunas personas (como la familia y los amigos) que hacia otras. En segundo lugar, todos los seres humanos deberían poder participar en nuestras comunidades como ciudadanos del mundo, independientemente de su sexo, etnia, orientación, país de origen o situación económica.

El emperador romano Marco Aurelio aludió a este ideal cosmopolita cuando escribió, en lo que hoy se conoce como *Meditaciones*, que «un hombre se separa de su prójimo por su propio odio o rechazo, sin darse cuenta de que con ello se ha separado de la sociedad más amplia de conciudadanos».

A medida que trabajamos para acercar a la gente a nuestro centro, nuestros amigos se convierten en familia, los miembros de nuestra comunidad se convierten en nuestros amigos… y se entiende que todos, junto con el planeta Tierra y sus habitantes no humanos, comparten una profunda conexión con nosotros: el *logos* (se verá más sobre esto en el capítulo 13).

Solo los sabios pueden reunir todos los círculos en uno mismo. Para el resto de nosotros, volvernos más cosmopolitas es un esfuerzo continuo. Cuando prestamos la debida atención al estado de nuestra mente, mientras pensamos y actuamos de la manera adecuada, estamos necesariamente (como seres prosociales) atrayendo a la gente hacia nosotros y bajo nuestra protección.

Por último, y lo que es más importante, el concepto de los círculos de consideración no es una invitación a tener quinientos amigos en internet o seguidores a los que no llegaremos a conocer nunca, sino más bien una decisión consciente y cuidadosa de cultivar conexiones con personas con las que podamos caminar juntos. El modo exacto de llevar los círculos hacia el interior, y el tipo de personas que decidamos acercar, dependerá en gran medida de nuestros roles sociales. A ellos, por tanto, y a la ética estoica de los roles, nos referimos en las páginas siguientes.

LOS ROLES
Y
LA COSMÓPOLIS

Si alguien ordenara a un cantante de un coro que «se conociera a sí mismo», ¿no cumpliría la orden prestando atención tanto a sus compañeros de coro como a armonizar con ellos? (Sí). ¿Y lo mismo en el caso del marinero? ¿O del soldado?

EPICTETO, *Manual. Fragmentos*

El servicio a la cosmópolis es una parte esencial del estoicismo. Todos nosotros, de acuerdo con nuestros roles sociales, estamos llamados a hacer lo que nos corresponde como ciudadanos del mundo. Parte de lo que hagamos será, tal vez, en calidad de un papel familiar (por ejemplo, padre o abuelo). Otras veces dependerá de nuestra ocupación, ubicación geográfica o incluso aficiones.

En el estoicismo, un papel es algo así como un deber o una responsabilidad que se nos ha asignado. El estoico Panecio definió nuestros deberes para con los demás en relación con lo siguiente:

- Nuestra humanidad
- Nuestra personalidad
- Nuestra posición social
- Nuestras elecciones personales (como la carrera que hemos elegido)

Los roles pueden asignarse de varias maneras. Todos compartimos un papel primordial: el de ser humano. Este es el más importante y ningún otro papel puede contradecir nuestra vocación como seres humanos de pensar y actuar con la virtud en mente. Como dijo Epicteto, «Los humanos son ante todo ciudadanos del cosmos» (*Disertaciones*).

En este sentido, no podemos, actuando racionalmente, anteponer el bienestar de nuestra familia al de la humanidad. De hecho, hacerlo sería un contrasentido, ya que desprendernos de la cosmópolis por el bien de nuestra familia solo puede traernos miseria y acabar afectándola. Quizá esto suene contradictorio. Puede que pienses: «Si yo estoy en el centro de los círculos y mi familia es el siguiente círculo, ¿cómo podría priorizar a la humanidad en general o las preocupaciones del planeta por encima de mi propia familia?».

De nuevo, si tienes un pensamiento crítico, es algo que deberías preguntarte. Si imaginamos los círculos de consideración como un disco plano, pellizcamos el centro de ese disco y tiramos de él hacia arriba, convirtiéndolo en una pirámide cónica de anillos, entonces tenemos la misma información pero presentada de forma diferente. Nos gusta llamar a esta nueva imagen «la pirámide de la consideración». El yo está en la cima y la familia en el siguiente anillo; más abajo está toda la humanidad, sostenida por la Tierra.

Considerar nuestras relaciones con los demás de esta manera significa que es más fácil ver que, si se permite que la base se desmorone, todo lo que está por encima corre el riesgo de venirse abajo. Para cuidar de uno mis-

LA PIRÁMIDE DE LA CONSIDERACIÓN

mo en la parte más alta hay que preocuparse y ocuparse de la base de la pirámide. Hay que preocuparse por la humanidad y por el planeta en el que todos vivimos.

Cuando se trata de considerar posibles compromisos, el sabio entiende que no hay compromisos morales. Pero ¿qué ocurre con otros tipos de compromisos, como decidir si reducimos el tiempo que pasamos con nuestra familia para cumplir un compromiso con un vecino? En todos los casos, estamos llamados a hacer lo que es razonable en el momento presente, y no lo que es ideal según, por ejemplo, una ideología religiosa o política.

Imagina que tu vecino llama a tu puerta pidiendo ayuda. Ha perdido a su perro; se le ha escapado. Eres consciente de que unirte a él y su familia reducirá el tiempo del que dispones para, por ejemplo, bañar a tu hijo pequeño (imaginemos que estabas a punto de hacerlo). La razón te dirá si debes priorizar el tiempo del baño o ayudar a tu vecino. Para saber qué opción es la más adecuada, teniendo en cuenta tus papeles aparentemente contradictorios de padre y vecino, tendrías que considerar cosas como estas:

- ¿Quién más puede ayudar a buscar al perro perdido ahora mismo?
- ¿Quién más puede bañar a mi hijo?
- ¿Podría tal vez bañar a mi hijo hoy más tarde, o incluso mañana?

Si la respuesta a la primera pregunta es «Nadie más puede ayudar, soy el único que lo puede hacer», la respuesta a la segunda es «Mi cónyuge puede hacerlo» y la respuesta a la última es «Sí, mi cónyuge podría bañarlo dentro de una hora», entonces podría decirse que no es razonable decidir no ayudar. Sin embargo, si tu cónyuge estuviera enfermo hasta el punto de no poder cuidar de vuestro hijo, entonces lo razonable cambia. Como ya hemos dicho, el contexto importa.

Los estoicos insistieron en que ningún papel de una persona virtuosa puede entrar en conflicto con ninguno de sus otros papeles. En la práctica, esto significa, por ejemplo, que el buen vecino debe necesariamente cumplir con su deber humano de desarrollar su naturaleza individual, incluyendo sus fortalezas, talentos y habilidades, para el bien común, ayudando a sus vecinos y cuidando del vecindario. Esta realidad es la que recuerda Marco Aurelio cuando afirma, en *Meditaciones*: «Lo que no puede ser bueno para la colmena no puede ser bueno para la abeja». En otras palabras, ninguna abeja puede beneficiarse de la destrucción de la colmena.

Todos los papeles, independientemente de cómo se hayan asignado (o de cuáles sean), conllevan ciertas responsabilidades. Los estoicos se toman muy en serio el cumplimiento de estas responsabilidades y subrayan la importancia de aprender a asumirlas de forma adecuada, ya que no hacerlo hablaría negativamente de su carácter.

Los roles se nos pueden asignar de muchas maneras. Una de ellas es como resultado de las elecciones que hacemos. Por ejemplo, podemos tener una relación romántica con alguien y, nueve meses después, encontrarnos con que somos madre o padre. Otra forma puede ser a través de nuestra carrera o nuestras amistades. Por ejemplo, podemos desempeñar el papel de chef, contribuyente o mejor amigo. También podemos ser hijo o hija, pero ¿cómo se hace para ser un buen hijo o una buena hija? ¿Cómo desempeñar de manera adecuada cualquier papel?

Aunque los antiguos estoicos abogaban por los modelos de conducta (razón por la que también enfatizaron la necesidad de tener o ser un mentor), sabían que los papeles de dos personas no son idénticos. La forma en que tú estás llamado a desempeñar tu papel de hijo o hija, por ejemplo, será necesariamente diferente de la forma en que tus hermanos y hermanas están llamados a desempeñar su papel en la familia. Si vives cerca de tus padres y tu hermano vive en el extranjero, es obvio por qué, a pesar de compartir los mismos padres, viviréis vuestros respectivos papeles de forma muy diferente. Aparte de comprender que la virtud es el único bien, no hay una única manera de practicar el estoicismo y no hay un único camino hacia la sabiduría. Por lo tanto, tampoco para ser un buen padre, hijo o amigo.

El estoicismo, como la gramática, es un sistema. Si decides escribir una carta, la gramática te dirá cómo estructurarla. Sin embargo, la gramática no te ayudará con el contenido. Debes decidir qué tipo de carta quieres escribir. Del mismo modo, debes decidir el tipo de vida que quieres vivir. Como afirma Epicteto (en *Disertaciones*): «Si escribes a un amigo, la gramática te dirá qué palabras debes elegir, pero, en cuanto a si debes o no escribir a tu amigo, no te lo dirá».

Si decides que quieres vivir una existencia centrada en progresar hacia la virtud, entonces el estoicismo te indicará la dirección general que deberás seguir. Sin embargo, el estoicismo no te dirá cuántas veces tienes que descansar a lo largo del camino o qué calzado es el mejor.

¿Cómo es posible que una filosofía que parece tan específica e intencionada no tenga un reglamento de miles de páginas?

La respuesta a esa pregunta es que solo hay una regla —o, más apropiadamente, una ley— que los estoicos insisten en que debemos acatar: la ley natural, el orden racional e intencionado del cosmos. Es esta ley, y no ningún hecho particular, la que nos dicta cuáles son las acciones apropiadas en cualquier situación en la que nos encontremos. También es esta ley la que llevó a los estoicos a establecer que la virtud es el único bien;

que el universo es benevolente; que la realidad tiene sus raíces en un Dios observable e inmanente (véase el capítulo 12); y que estamos llamados a vivir de acuerdo con la naturaleza (tanto la nuestra propia como la del mundo natural).

Esta creencia puede explicarse de la siguiente manera: si dejas caer una manzana desde tu tejado, caerá al suelo porque la gravedad dicta que así es como caen los objetos. Del mismo modo, cuando identificas la virtud como el único bien (y lo único que merece la pena perseguir), independientemente de las circunstancias, simplemente estás acatando la ley natural. Esperar florecer mientras te comportas mal es como esperar que una manzana alce el vuelo cuando la dejas caer desde el tejado. Para decirlo más directamente, cuando identificas la virtud como el único bien y te esfuerzas por cultivarla en tu propio carácter, estás haciendo lo que se supone que debe hacer un ser humano.

LAS
EMOCIONES

Créeme, la verdadera alegría es un asunto serio... Busca tu verdadero bien y regocíjate en lo que es tuyo. ¿Qué es lo tuyo? Tú mismo; lo mejor de ti.

SÉNECA el JOVEN, *Cartas a Lucilio*

La palabra *estoicismo* puede aludir a la filosofía estoica, de la que hemos hablado hasta ahora, o a un sentido genérico. Esta distinción, fácil de pasar por alto, es a la que deberás prestar mucha atención en este capítulo. Entendido en sentido genérico, el término se utiliza para describir una respuesta o actitud aparentemente fría y distante ante la vida. También está muy vinculado a rasgos masculinos y a menudo se ve como algo negativo, que se puede clasificar a menudo como tóxico. Es una lástima, porque hay ocasiones en las que mostrar una actitud estoica es útil. Si eres un médico en tiempos de guerra, por ejemplo, ¿cuánta empatía puedes llegar a mostrar en un campo de batalla antes de que ya no puedas realizar bien tu trabajo?

El autor estoico contemporáneo Jonathan Church ofrece una perspicaz visión de cómo el estoicismo —entendido en sentido genérico— le ayudó a sobrellevar su diagnóstico de cáncer cerebral:

Como me informó el neurooncólogo durante una consulta postoperatoria [...], es imposible eliminar todas las células cancerosas. [...] Durante este calvario, ni una sola vez he llorado. Ni una sola vez me he sentido deprimido, ansioso o fuera de mí. Ni una sola vez he sentido la necesidad de buscar ayuda terapéutica. La mañana de la operación, me preocupaba más la pérdida de capacidades cognitivas si la operación salía mal que la propia muerte. Una de mis hermanas comentó que yo estaba tan tranquilo que pensó que los médicos debían de haberme dado válium. Había adoptado, en una palabra, una actitud estoica. He conseguido desarrollar una perspectiva sana sobre el cáncer cerebral, que me ha ayudado a seguir viviendo una vida feliz y productiva y a no sucumbir a la ansiedad y la depresión. Tengo que dar las gracias al estoicismo. Ya hablé de ello en un ensayo sobre por qué soy un hombre que decide no llorar. Argumenté que la contención emocional no es lo mismo que la represión emocional.[1]

Por su parte, el estoicismo, entendido como filosofía, no consiste en ser frío e impasible. Ya hemos hablado de la naturaleza prosocial del ser humano y del llamamiento a incorporar a otras personas a nuestros círculos internos de consideración. Estos elementos centrales de la filosofía estoica la distinguen del estoicismo como forma de vida. Sin embargo, y como se ha comentado anteriormente (con los ejemplos del médico en tiempos de guerra y del diagnóstico de cáncer), un seguidor de la filosofía estoica puede ser llamado, en ocasiones, a comportarse estoicamente. El contexto es clave y, por supuesto, hay ocasiones en las que una actitud estoica —en su sentido no filosófico— es completamente inapropiada.

Una de las razones por las que algunas personas, desde la antigüedad, han supuesto que los seguidores de la filosofía estoica abogan por una actitud estoica en todo momento es porque están llamados a prestar mucha atención a su carácter. Esto exige que vigilen y midan constantemente sus respuestas emocionales. No en vano podríamos describir a una persona enfurecida como alguien que «ha perdido la cabeza». Y, si perdemos la razón (lo que los estoicos llamaban el *hegemonikon*, la «facultad rectora del alma»), entonces perdemos lo único que realmente poseemos (nuestro poder de la razón, nuestra capacidad de tomar decisiones racionales).

Algunas personas cometen el error de pensar que el sabio (el estoico ideal) está tan a gusto consigo mismo y con los demás que no necesita, ni siquiera experimenta, emociones. Esto es tan falso como irrazonable. Un comportamiento tranquilo y equilibrado no significa insensible. Por el contrario, se refiere a un comportamiento que no sucumbe a las emociones extremas que pueden desencadenarse cuando una persona no reconoce la virtud como el único bien y confunde un indiferente preferido como algo bueno o un indiferente no preferido como algo malo.

Entonces, ¿qué siente el sabio? Siente las emociones buenas (*eupatheiai*). Como afirma Margaret Graver: «Entre ellas se incluyen el asombro y la reverencia, ciertas formas de alegría y gozo, ciertos tipos particulares de amor y amistad, y algunos tipos poderosos de anhelo o deseo».[2]

Una investigación más profunda de las emociones positivas nos dice que el sabio experimenta disfrute y alegría. También es acogedor y muestra buena voluntad. Experimenta el amor erótico, cuando está ligado a la perspectiva de la amistad, la belleza y el bien común de la cosmópolis (en contraposición a algo lujurioso o meramente orientado al placer). Es piadoso, prudente en sus asentimientos (juicios) y cuidadoso en su conducta moral.

¿Qué está ausente en las emociones del sabio? Las *pathê* (emociones negativas). Estas incluyen el rencor, el odio, la rabia, la envidia, la lástima, las respuestas de miedo no corporal, el pánico, la angustia y la miseria, por nombrar algunas. El carácter verdaderamente equilibrado no tiene necesidad de tales emociones porque reconoce que estas no ayudan a cultivar y mantener un buen carácter. Por el contrario, las emociones negativas se expresan cuando asentimos a la falsa impresión de que, por ejemplo, perder un preciado indiferente (por ejemplo, un trabajo bien remunerado) es algo que debemos temer o a lo que debemos tener pánico. Dicho esto, no significa que no debamos reaccionar en absoluto. De hecho, los estoicos invitan a una reacción mesurada basada en la comprensión de que ni el miedo ni el pánico nos ayudarán, por seguir con el ejemplo de un trabajo bien pagado, a recuperar nuestro empleo o, llegado el caso, a encontrar uno nuevo. Es la respuesta comedida, y no la de pánico, la que aumenta la posibilidad de que encontremos un nuevo empleo. Además, y como ya hemos comentado en el capítulo 3, es racional, en igualdad de condiciones, preferir un empleo remunerado al desempleo de larga duración.

Cuando comenzamos nuestro viaje estoico, no nos embarcamos en el proceso de convertirnos en criaturas sin emociones. Los estoicos tampoco nos animan a ver el mundo a través de gafas de color de rosa para que podamos pasar por alto o restar importancia a las dificultades de la vida. Más bien, aprendemos a dar los pasos que nos permitan trabajar con nuestras emociones negativas hasta que, un día, podamos dejarlas atrás. De hecho, los antiguos estoicos abogaban a menudo por imaginar el peor de los escenarios para que el *prokoptón* pudiera aceptarlo, en lugar de dejarse vencer por él.

Al mismo tiempo, estamos llamados a experimentar buenas emociones porque estas nos permiten florecer plenamente como seres humanos. Estas emociones también nos hacen disfrutar de la vida y aportan beneficios a los demás; en resumen, nos permiten vivir nuestra humanidad en plenitud.

EL DIOS
ESTOICO

Recuerda que eres un actor en un drama que dirige un dramaturgo; si el dramaturgo lo desea breve, será breve; si lo prefiere largo, será largo; si el dramaturgo quiere que interpretes a un mendigo, se te asigna para que interpretes ese papel; y lo mismo si se te asigna interpretar a un discapacitado, a un funcionario público o a cualquier otra persona sin más. Lo que te corresponde en todos los casos es interpretar lo mejor posible el papel que se te asigna; sin embargo, seleccionarse a sí mismo es papel del dramaturgo divino.

EPICTETO, *Enquiridión*

El estoicismo no se ajusta a la definición contemporánea de religión, pero sí lleva asociado un grado no insignificante de, digamos, religiosidad o espiritualidad. Después de todo, los antiguos estoicos sí que creían en Dios, a veces refiriéndose a él como Zeus. También creían en el concepto de providencia divina, llegando incluso a sugerir que el cosmos está ordenado por el fuego creador divino (el *logos*) y animado por el aliento divino (*pneuma*). El Dios estoico era providencial, pero no personal en el sentido de conceder milagros a grupos de población o individuos favoritos.

Para muchos hoy en día, incluidos los que se llaman a sí mismos estoicos, la palabra *Dios* está cargada de significado. Tal vez esto no sea sorprendente, dado que muchas personas que ahora caminan por el sendero estoico lo encontraron después de cansarse y desconfiar del Dios que les inculcaron en su educación. En estos casos, conciben a menudo al Dios estoico como una intrusión no deseada e innecesaria en una vida libre de las normas y valores religiosos con los que lucharon durante mucho tiempo y que, felizmente, pudieron dejar atrás.

Otros estoicos contemporáneos pueden haber asociado la palabra *Dios* con algo muy positivo en su religión. Sin embargo, pueden sentirse igualmente incómodos con el Dios estoico, ya que comprometerse con ideas religiosas fuera de la fe elegida puede ponerlos en una posición incómoda. Algunos estoicos contemporáneos, especialmente los que siguen una religión abrahámica, pueden incluso sentir que la creencia en el Dios estoico es una traición al único Dios que consideran verdadero y una desviación inútil de la «salvación eterna» o del «camino correcto».

No se trata de un problema nuevo. De hecho, el padre fundador del neoestoicismo, Justus Lipsius, se enfrentó al mismo problema a mediados del siglo xvi. El neoestoicismo era un movimiento que incorporaba aspectos de la metafísica y la ética cristianas en un marco estoico. Sin embargo, Lipsius acabó rechazando en su lecho de muerte ese híbrido incoherente en favor del cristianismo tradicional, después de muchas disputas intelectuales y sufrimiento provocado por la disonancia cognitiva (enfrentarse a dos creencias contradictorias al mismo tiempo). Parece que confiar en el Dios estoico era ir demasiado lejos y, en última instancia, era un riesgo que Lipsius no estaba dispuesto a correr por el bien de su alma mortal.

Independientemente de cuál sea tu situación concreta en lo que respecta a tu punto de vista religioso, quizá ahora te estés preguntando: «¿Necesito creer en el Dios estoico para practicar el estoicismo?».

Se trata de una pregunta polémica y complicada de responder, pero no es algo que nosotros, como autores —o como practicantes del estoicismo—, debamos esconder bajo la alfombra.

Recuerda que los estoicos afirman que la virtud es el único bien. Esta afirmación en el estoicismo es lo que para el cristianismo supone la afirmación, contenida en el Nuevo Testamento, de Juan 3:16.[1] Por definición, no puedes ser cristiano si no crees en Cristo como tu Señor y salvador (los musulmanes, por ejemplo, creen que Jesús es un profeta, pero no su Señor y salvador).[2] Del mismo modo, uno no puede ser estoico si no cree que la virtud es el único bien. Si creyéramos que la virtud es simplemente el bien supremo, podríamos ser aristotélicos, pero no estoicos.

Creer que la virtud es el único bien es una afirmación basada en la fe; aquí usamos *fe* no en un sentido eclesiástico, sino en el sentido de «esto no se puede probar en un tribunal o en un laboratorio». Si crees que la virtud es el único bien, estás dando un salto de fe o, si lo prefieres, estás confiando en el argumento de los antiguos estoicos a favor de la ley natural (véase a este respecto el capítulo 10).

Entonces, ¿debemos creer en el Dios estoico para considerarnos estoicos?

No de manera inequívoca. Sin embargo, todo en el estoicismo se construye sobre la conceptualización estoica de Dios. Así, por ejemplo, si crees que la virtud es el único bien, la justificación lógica de esa afirmación (según los antiguos estoicos) descansa sobre los hombros metafóricos del Dios estoico. Esto se debe a que la conceptualización que los estoicos tenían de Dios, enraizada en la observación racional de la naturaleza, era una de sus premisas clave y, en consecuencia, la forma en que razonaban sus opiniones sobre la virtud. Para los estoicos antiguos (por no hablar de una parte considerable de los contemporáneos), entonces, negar al Dios estoico es como subirse al tejado de una casa y negar la existencia de las paredes que la sostienen.

Así que no, no tienes que creer en el Dios estoico para ser estoico, pero se crea una especie de disonancia cognitiva cuando afirmas que la virtud es el único bien y, al mismo tiempo, descartas la física y la lógica estoicas por carecer de importancia (hablaremos de estos dos aspectos en el capítulo 15).

Teniendo en cuenta lo que acabamos de decir, una pregunta mejor que «¿Necesito creer en el Dios estoico para practicar el estoicismo?» es «¿Qué intento conseguir con el estoicismo? ¿Añade el Dios estoico algún valor a mi práctica?».

Exploremos ahora con más detalle la conceptualización estoica de Dios.

Los estoicos veían a Dios como un animal. No como un panda, ni un león, ni un águila, sino como el animal universo. A primera vista puede parecer absurdo, pero ¿lo es? ¿Es tan extraño considerar el universo como una especie de animal con diversos procesos vitales y partes constituyentes? Los seres humanos tienen brazos y piernas. El universo tiene planetas, estrellas y agujeros negros. También tiene rocas, árboles y personas. Sí, también nosotros, según los antiguos estoicos, formamos parte del universo. También nosotros formamos parte de la anatomía de ese animal.

La razón (*logos*) es el alma mental y física del animal y la conexión universal entre todos los seres (incluidos los inertes, como las rocas). También se puede considerar el *logos* como la fuerza vital creadora del universo. Una que es totalmente racional, ordenada y benevolente porque da a cada ser la oportunidad de vivir de acuerdo con su propia naturaleza. Cuando elegimos no vivir con la virtud en mente, Marco Aurelio (en *Meditaciones*) dice que nos convertimos en un absceso en el cuerpo del universo. Y ¿quién quiere ser una dolorosa acumulación de pus? ¿Quién quiere ser una carga en lugar de un bloque de construcción?

¿Podría la conceptualización del Dios de los estoicos ayudarnos a recordarnos exactamente lo que somos y nuestra capacidad para cultivar un buen carácter?

En nuestra opinión, el Dios estoico es una concepción interesante de la divinidad porque es totalmente natural. No se llegó a las «pruebas filosóficas» del Dios estoico a través de la superstición o del deseo de entrar en el cielo o escapar del infierno (ninguno de los dos existe en la teología estoica). Por el contrario, los estoicos veían a Dios como un hecho cuyos signos y efectos pueden ser percibidos por los sentidos. Así lo afirma Epicteto en *Disertaciones*:

> Pero, ahora, en lugar de estar agradecidos por no tener que cuidar de los animales lo mismo que de nosotros mismos, nos quejamos de Dios por nuestra propia cuenta; y, sin embargo, en nombre de Zeus y de los dioses,

cualquier cosa de las que existen bastaría para hacer que un hombre percibiera la providencia de Dios, al menos un hombre modesto y agradecido. Y no me hables ahora de las grandes cosas, sino solo de esto: que la leche se produce de la hierba, el queso de la leche y la lana del vellón. ¿Quién hizo o ideó estas cosas? Nadie, dices. ¡Oh, asombrosa desvergüenza y estupidez!

Para mí (Tanner), el Dios estoico es algo sobre lo que no vale la pena discutir. El estoicismo requiere que creamos que la virtud es el único bien. Esto, en sí mismo, es una afirmación indemostrable y, a mis ojos, una afirmación de fe o confianza en la antigua posición estoica. Tanto si alguien se reafirma en esta afirmación eligiendo creer en el Dios estoico como si no, sigue comprometiéndose a creer algo, como una cuestión de fe. Esto, en mi opinión, es una parte fundamental del crecimiento: elegir creer en algo que tiene sentido para ti. Para mí, en eso consiste la bondad de la virtud y su búsqueda a través de las ramas ética y lógica del estoicismo. No paso mucho tiempo pensando en el Dios estoico y, si alguna vez elijo hacerlo, no permito que nada más que los beneficios de elegir creer en el Dios estoico —cómo hacerlo podría mejorar mi vida y la de aquellos en mis círculos de interés— determine si esa elección vale la pena o no. Por supuesto, no permito que los sentimientos de otras personas sobre mi elección determinen si decido cambiarla o no.

Para mí (Kai), en el estoicismo siempre tiene que haber un Dios estoico; sin él, más bien es una práctica influenciada por los estoicos que deja demasiadas incoherencias para que me sienta cómodo como académico que estudia y vive su vida según los principios estoicos. ¿Significa eso que creo que los conceptos estoicos sin Dios son inútiles para una persona que quiere mejorar en la vida? Para nada. Sin embargo, considero que el estoicismo no está completo si ignoramos o rechazamos de plano al Dios estoico.

A riesgo de decir lo obvio, ambos somos filósofos del estoicismo que también nos identificamos como estoicos y no estamos de acuerdo entre nosotros sobre la importancia del Dios estoico. Esto significa que puedes estar de acuerdo con cualquiera de nosotros (o con ninguno) y considerarte estoico. No hay una ortodoxia dogmática, lo que resulta muy liberador para las personas que están explorando el estoicismo como su potencial filosofía de vida.

VIVIR EN ARMONÍA CON LA NATURALEZA

*Todo lo que se hace de acuerdo con la natu-
raleza está bien hecho.*

EPICTETO, *Disertaciones*

«Vivir de acuerdo con la naturaleza» es una de las frases más repetidas del estoicismo, pero ¿qué significa y hasta qué punto es fundamental para adoptar el estoicismo como filosofía de vida?

Fundamentalmente, vivir de acuerdo con la naturaleza consiste en comprender y responder a la realidad del lugar donde uno se encuentra (tanto en sentido figurado como geográfico) y asumir las funciones y responsabilidades de acuerdo con esa realidad. Así, es tanto conocerse a uno mismo (una máxima que el fundador del estoicismo, Zenón de Citio, tuvo que aceptar cuando visitó al Oráculo de Delfos) como intentar comprender el mundo que nos rodea.

Posidonio es un excelente ejemplo de un estoico que intentó comprender la mente de Dios en su esfuerzo por vivir de acuerdo con la naturaleza. La forma en que lo hizo, a través de meticulosas observaciones del mundo natural, también hablaba de su propia condición y del funcionamiento de su mente inquisitiva.

Como afirman Kai Whiting y Leonidas Konstantakos en su libro *Being Better: Stoicism for a World Worth Living In*: «Posidonio aceptaba que la capacidad de pensamiento racional permitía a los seres humanos comprender mejor el cosmos y cooperar con él; también veía que la mayoría de la gente cedía con demasiada facilidad a sus deseos más bajos y a las "sacudidas emocionales" de su propia naturaleza. Creía que este comportamiento les hacía desgraciados porque al caer de nuevo en el vicio —la cobardía, la injusticia, la codicia y la ignorancia— se desalineaban de la propia naturaleza de Dios y sus propósitos providenciales».

En resumen, lo que Posidonio observó fue un fracaso de los humanos a la hora de vivir de acuerdo con su propia naturaleza y mantener un equilibrio con ella. Se trata de vivir en armonía con el mundo natural y la forma exacta de hacerlo depende de muchos factores, como la edad, el lugar donde vivimos, la ocupación y nuestras preferencias personales.

Si somos cristianos practicantes, por ejemplo, podríamos plantearnos cómo hacer que nuestro lugar de culto sea más respetuoso con el medio ambiente, quizá convirtiendo el recinto en un hábitat más acogedor para la fauna y la flora locales. Si somos abuelos, quizá podríamos llevar a nuestros nietos a pasear por la naturaleza para que la aprecien. Si somos dueños de un perro, podemos pensar detenidamente en lo que come o por dónde pasea, ya que todo esto repercute en el medio ambiente.

Como estoicos, atraemos la parte del «medio ambiente» del círculo de consideración hacia el interior cuando consideramos y cuidamos la Tierra. Porque ¿cómo podría un sabio abogar por tomar más de lo que necesita o por la destrucción gratuita del planeta, donde todos los que conoce viven y respiran?

Vivir según la naturaleza es también someterse a la razón divina, aunque la forma de hacerlo depende de cómo seamos (véase el capítulo 10). No es una invitación a someterse a los caprichos de un Dios celoso. Los que viven según la naturaleza reconocen que pertenecen a la comunidad universal de la razón, no a un grupo especial de elegidos.

Vivir de acuerdo con la naturaleza es también vivir de forma excelente. Para los seres humanos, como criaturas prosociales, es vivir según la virtud y contribuir al bien común. Vivir de forma excelente culmina en el cultivo de un carácter incapaz de cometer un error moral. Se trata de saber lo que es bueno y lo que es malo y de saber elegir de la forma adecuada lo que no es ni bueno ni malo (indiferentes estoicos), de modo que se construya, en lugar de romper y destruir, el carácter propio.

El sabio está completamente en sintonía con la naturaleza. Comprende su papel tan bien como cualquier ser humano y lo cumple a la perfección. Es capaz de integrar cada círculo de consideración respecto del anterior, hasta que se ve plenamente a sí mismo en la humanidad y a la humanidad en sí mismo. Está totalmente enraizado en el *logos* y a gusto consigo mismo y con todos los demás, incluido el mundo natural. Esto es lo que significa vivir de acuerdo con la naturaleza. Esto es lo que significa florecer.

EL DESTINO

Guíame, Zeus, y tú, oh, destino. Llévame adonde tus leyes me asignen... El destino guía al que quiere, pero arrastra al que no quiere.

CLEANTES, «Himno a Zeus»

La forma en que hoy concebimos la «buena suerte» y la «mala suerte» habría sido completamente ajena a los antiguos estoicos y a su forma de entender el destino y el funcionamiento del mundo. Según la visión estoica del mundo, nada es realmente aleatorio. Por el contrario, todo es el despliegue de causa y efecto como parte del orden natural de las cosas. Nosotros formamos parte de este orden y, de este modo, el destino sucede a través de nosotros, nosotros no somos el fin último de él.

El estoicismo ofrece un ejemplo famoso, asociado con Zenón de Citio y otras figuras estoicas: «Cuando se ata un perro a un carro, si el animal quiere seguirlo, al tirar del carro el animal lo sigue, haciendo coincidir su acto espontáneo con la necesidad, pero, si no quiere seguirlo, se verá obligado en cualquier caso. Así sucede también con los hombres [y las mujeres]: aunque no quieran, se verán obligados en cualquier caso a seguir lo que les está destinado».[1]

Puede que no tengamos elección en la dirección en la que nos llevan, pero cómo decidimos dirigir nuestros pasos, a medida que avanzamos en esa dirección, depende de nosotros en última instancia. Según el estoicismo, nunca hay un asunto en el que no tengamos elección. Incluso cuando parece que solo tenemos una opción, podemos elegir asumirla voluntaria o involuntariamente. Como afirma John Sellars: «Puede ser que yo no quiera y no pueda actuar de otra manera. Sin embargo, el acto sigue siendo mío [...] y no se me impone».[2]

Otra forma de pensar en el concepto estoico del destino es imaginarnos en una canoa, yendo río abajo. Llevamos en las manos un remo. Este remo nos da cierto grado de libertad para navegar por el río (es como la cuerda atada al carro del perro), libertad que aumentará si aprendemos a utilizarlo bien. En este sentido, el remo representa nuestro albedrío. Podemos elegir tomar la opción de la izquierda (o de la derecha) en una bifurcación del río y acercarnos o alejarnos de las canoas de los demás que también están en el cauce. La forma en que utilizamos el remo representa nuestro carácter. Nuestra capacidad para aprovecharlo al máximo dependerá de las habilidades que hayamos adquirido y de la mentalidad que hayamos desarrollado (recuerda que un carácter virtuoso es algo que cultivamos).

Podríamos, por supuesto, tirar el remo al agua, decidiendo así no hacer nada más que dejar que el destino nos lleve. Esto elimina cualquier grado de libertad que pudiéramos tener para navegar por el río. Después de tomar esa decisión, el destino solo puede ocurrirnos a nosotros y no a través de nosotros. En cierto sentido, hemos levantado las manos y nos hemos rendido. Por supuesto, incluso si decidimos quedarnos con el remo y aprendemos a usarlo bien, seguimos estando limitados en lo que ese remo nos permite controlar. Pero, de nuevo, esto no significa que no debamos seguir remando, ya que remando aún podemos influir en el recorrido.

El propio río es nuestro entorno y establece ciertos límites. Por ejemplo, no tenemos prácticamente ningún control sobre la naturaleza de las orillas y el cauce. Simplemente debemos navegar. La corriente del río representa el tiempo. Una vez que tomamos decisiones, no podemos deshacerlas, sino que debemos continuar a la espera del próximo reto y, por tanto, de la próxima elección. Podemos afrontarlo de buena o mala gana. Tal vez nos centremos en nuestros errores pasados —quizá estuvimos a punto de chocar contra unas rocas unos kilómetros atrás— y temer lo que nos pueda deparar el futuro, o podemos hacer todo lo posible por navegar hacia adelante con determinación y hábiles golpes de remo.

La visión estoica de cómo navegar por el río y, en consecuencia, de cómo conceptualizar la idea del destino consiste en aceptar el control del que carecemos y utilizar el control o la influencia que poseemos.

LA FÍSICA
Y LA LÓGICA
ESTOICAS

Supongamos que me dijeras «No sé si tu argumento es válido o no» y, cuando yo hiciera uso de algún término ambiguo, apostillaras: «Defínelo mejor». En ese caso acabaría perdiendo la paciencia contigo y te respondería: «Pero hay una necesidad más urgente». Esa es la razón, me imagino, por la que los filósofos empiezan por la lógica, igual que, al medir el grano, se empieza por determinar cómo se va a medir.

EPICTETO, *Disertaciones*

El estoicismo, en su esencia, se compone de tres partes: física, lógica y ética. Hemos dedicado gran parte de este breve libro a hablar de la ética estoica, discutiendo la naturaleza de la virtud, el vicio, el bien y el mal, los indiferentes y cómo determinarlos, el sabio estoico, el *prokoptón* y las emociones. De hecho, la ética del estoicismo es en gran parte responsable del renovado interés en la filosofía que hemos visto desde 2010 y recibe la mayor parte de la atención en los círculos estoicos contemporáneos (con la notable excepción del Colegio de Filósofos Estoicos, o *The College of Stoic Philosophers*, y su enfoque en todos los aspectos de la filosofía estoica).

Esto es realmente lamentable porque, como afirma Julia Annas, ser un buen estoico requiere algo más que dominar la parte de la ética.[1] También requiere una base firme en la física y la lógica estoicas. De hecho, los antiguos estoicos sostenían que un practicante tenía que entender la lógica antes de poder pasar a la ética y luego a la física.

El uso estoico de la palabra *física* no se refiere a lo que entendemos hoy en día (por ejemplo, el estudio de las leyes de la gravedad y la termodinámica). Más bien, se refiere a la forma en que funciona el mundo, por lo que también implica cosas que hoy entenderíamos más fácilmente como parte de la biología o la filosofía de la naturaleza. Como hemos visto en capítulos anteriores, los estoicos consideraban a Dios como un hecho fundamentalmente observable de la realidad y no un Dios personal de fe, como el Dios de Abraham. La creencia en Dios era simplemente un reconocimiento de lo que era verdad y, por tanto, un componente fundamental de la física estoica.

A. A. Long afirma que la ética estoica hunde sus raíces en la física estoica, e incluso la parasita.[2] Lo que significa que la ética no tiene sentido si se ignora o rechaza la concepción estoica del mundo (y, por tanto, de Dios). De hecho, la afirmación de que la virtud es el único bien está fundamentalmente ligada a la idea de que Dios es benevolente. La exhortación a vivir de acuerdo con la naturaleza está, asimismo, ligada a la razón divina (el *logos*) y a la idea de que todo el universo está imbuido de una racionalidad que estamos llamados no solo a apreciar, sino también a modelar activamente en nuestro papel como seres humanos. Tales argumentos sugieren que despojar al Dios estoico de la ética estoica es dejar más vacío que sustancia. Puede que tengas algunos conceptos útiles que aplicar a tu vida, pero ¿podría considerarse realmente estoicismo? Por supuesto, cuando se trata de tu viaje personal hacia el estoicismo, cómo reconcilies las ideas estoicas sobre Dios con tu propia práctica depende enteramente de ti.

Nos centraremos ahora en la lógica estoica, que abarca el razonamiento formal a través del debate (el método socrático), el estudio del lenguaje, la resolución de enigmas lógicos formales y la investigación de ambigüedades y sofismas (argumentos ingeniosos pero erróneos que suelen utilizarse deliberadamente para engañar a un auditorio).

Los estoicos consideran que la lógica es esencial para obtener el tipo de conocimiento que nos ayuda a cultivar un buen carácter. La lógica es importante porque, si continuamente sacamos conclusiones que no responden a ella, vamos a tener una visión muy deformada del mundo y de nuestro papel en él.

Tomemos un aspecto de la lógica: la capacidad de construir adecuadamente un argumento, tal y como destacan las palabras de Epicteto en la cita del principio de este capítulo. Este tipo de lógica se pone a prueba en el método socrático. En pocas palabras, el método socrático es el arte de preguntar y responder de forma sistemática, crítica y sincera para identificar tanto la coherencia como la veracidad de una creencia mediante el descubrimiento intencionado de contradicciones.

Cuando un grupo de personas entabla un diálogo con este objetivo en mente, todos se benefician porque el intercambio se centra en lo que es correcto, no en lo que es meramente popular (o emocionalmente satisfactorio). Se hace en interés del conjunto y no en beneficio exclusivo de un grupo y, por tanto, en detrimento de los demás. También es una forma de poner a prueba la naturaleza del carácter y ayuda a formar mejores pensamientos. Sin lógica no podemos esperar saber lo que es verdad y distinguirlo de lo que es falso. Por el contrario, nos cegaremos por ideas y prácticas que no están arraigadas en la razón, como el nepotismo y el tribalismo, en evidente detrimento de nuestro carácter y del bien común. También nos dejaremos engañar por afirmaciones que parecen ciertas y argumentos que parecen sólidos, pero que, en realidad, distan mucho de serlo (es decir, sofismas) y, en general, seremos cada vez más incapaces de distinguir entre un argumento válido y otro que no lo es. Como explicaba Cicerón, el gran estadista romano de influencia estoica, en sus obras *Academica* y *De Finibus*, la lógica proporciona un método de razonamiento que protege contra el asentimiento a impresiones incorrectas (la formulación de juicios erróneos) y, por tanto, nos sirve en nuestro camino hacia la *eudaimonia*.

Para comprender mejor las ventajas de la lógica estoica, podemos pensar en ella como en una forma de gramática. Si tu gramática es muy pobre, puedes escribir una frase y esa frase todavía transmitirá su mensaje lo suficiente como para que otros la entiendan. Sin embargo, si se encadenan demasiadas frases gramaticalmente pobres en un libro o en un complejo conjunto de instrucciones, es muy probable que se pierda algo en la traducción. Imagínate, por ejemplo, que la Constitución de tu país contuviera decenas de errores gramaticales. ¿Cómo podría afectar eso a la capacidad de un tribunal de justicia para emitir juicios correctos sobre cuestiones constitucionales?

Los antiguos estoicos utilizaban la lógica para asegurarse de que las opiniones o conclusiones a las que llegaban eran sólidas. Eso no significa que dos sabios deban tener exactamente la misma opinión (de hecho, podrían tener opiniones aparentemente contradictorias). Sin embargo, sí significa que habrán llegado a sus opiniones de la misma manera: a través de un razonamiento lógicamente sólido. Esta razón no está exenta de toda emoción, pero tampoco se basa únicamente en los sentimientos del sabio. Como resultado, la razón de un sabio puede atraer a otras personas que, del mismo modo, están en la búsqueda de la verdad y deseosas de juzgar las cosas de la manera correcta. Puede que no seamos sabios, pero sin duda podemos intentar emular su forma de tomar decisiones cuando intentamos beneficiar a todos y a todo lo que nos rodea.

Otra forma que tenían los estoicos de determinar si un argumento, posición u opinión era sólido o defendible era construirlo como un silogismo. Un silogismo es una forma de expresar un razonamiento que utiliza dos proposiciones supuestas o dadas para llegar a una conclusión. El estoico Crisipo de Solos se propuso demostrar que podía confirmar la validez de casi todas las afirmaciones analizándolas con cinco argumentos hipotéticos. Para nuestro humilde propósito, he aquí una muestra del tipo de argumentos lógicos que proponían los estoicos (aunque no con esos nombres):

- *Ponendo ponens* (regla de inferencia). En términos sencillos, si la primera afirmación es cierta, la segunda también debe serlo. Por ejemplo, si sabemos que, si llueve, el suelo al aire libre estará mojado y vemos que está lloviendo, podemos concluir que el suelo al aire libre estará mojado. En otras palabras, si ocurre algo, se producirá un resultado. Si vemos que ocurre lo primero, podemos estar seguros de que también sucederá el resultado.

- *Tollendo tollens.* En lenguaje llano, si la primera afirmación es verdadera, entonces la segunda también lo es, pero si se demuestra que la segunda es falsa, entonces la primera también debe ser falsa por definición. En otras palabras, podemos negar la primera suposición negando la segunda. Por ejemplo, si un pastel está horneado, estará listo para comer. Si el pastel no está listo para comer, es que no se ha horneado. En otras palabras, si algo que está sucediendo conduce a un resultado determinado y vemos que el resultado no se ha producido, podemos estar seguros de que lo primero no ha sucedido. «Si no hay A, por lo tanto no habrá B» o «A solo es posible si se da B».

Dicho esto, el objetivo de este capítulo es explicar la importancia de la lógica en el estoicismo, no enseñar los argumentos lógicos del estoicismo en profundidad. En pocas palabras, la lógica estoica combina argumentos construidos sistemáticamente a partir de fórmulas con habilidades retóricas para aumentar la probabilidad de que las afirmaciones que hacemos y, en consecuencia, las opiniones que formamos o las conclusiones que sacamos estén cuidadosamente pensadas y sean razonables.

¿Cómo nos ayuda eso en el día a día? ¡Nos ayuda muchísimo! Desde cómo saber si estamos comprando una ganga en una tienda hasta qué carrera universitaria elegir para alcanzar nuestros objetivos, pasando por lo que quizá deberíamos tener en cuenta a la hora de considerar el tipo de pareja que queremos. Abordar estas cosas con una mente lógica, en lugar de basarnos únicamente en cómo nos sentimos en ese momento, puede hacernos la vida mucho más sencilla. Es fácil creer que estamos enamorados de alguien cuando tenemos mariposas en el estómago y es igual de fácil creer que ya no queremos a una persona cuando esas mariposas desaparecen, si nos basamos únicamente en una lógica errónea que nos dice que «mariposas en el estómago» es lo que implica el amor. Y, sin duda, el amor es demasiado importante como para basarlo solo en esos sentimientos.

EL ESTOICISMO
EN RESUMEN

Nuestro somero repaso al estoicismo ha llegado a su fin y nos gustaría ofrecerte un breve resumen de los principales puntos que hemos tratado.

Zenón de Citio fundó el estoicismo hacia el año 300 a. C. Quería que su filosofía fuera accesible a las masas. Por ello, la enseñó al aire libre en el mercado ateniense, en la *stoa poikile*, o «pórtico pintado», que dio nombre a la corriente filosófica.

La virtud es la buena naturaleza inherente al carácter de la persona que la posee. Es «una forma de pericia o habilidad» y «un conocimiento que moldea toda su personalidad y su vida».[1]

La virtud es el único bien y el vicio es el único mal, pero eso no significa que todo lo demás no importe. De hecho, la forma en que perseguimos o evitamos los «indiferentes» habla de nuestro carácter.

Los indiferentes son cosas que no nos garantizan un buen carácter ni nos impiden desarrollarlo. Algunos indiferentes son preferidos, mientras que otros son no preferidos. Para distinguirlos, utilizamos la razón, prestando especial atención al contexto y a nuestros roles sociales.

Las impresiones forman parte de nuestras primeras interpretaciones de la realidad y debemos examinarlas detenidamente antes de darles asentimiento, no sea que nos expongamos a creer falsedades (lo que dificulta cada vez más el desarrollo de un carácter virtuoso).

La dicotomía del control nos recuerda que algunas cosas están dentro de nuestra capacidad de control o influencia, mientras que otras no. Recordar este aspecto nos permite, con el tiempo, gestionar mejor nuestras reacciones ante las cosas sobre las que no tenemos control. En suma, solo hay tres cosas sobre las que tenemos control: nuestros pensamientos, nuestras acciones y nuestras actitudes. Solo estas tendrán algún efecto sobre nuestro carácter moral.

Los *prokoptôntes* estoicos son practicantes o estudiantes del estoicismo. Estas personas están en el camino de la sabiduría y avanzan hacia la *eudaimonia* cuando llevan a cabo los actos apropiados y mantienen los pensamientos y actitudes adecuados.

El *prosochē* es el arte o la práctica de prestar atención, de estar vigilantes sobre el estado de nuestra propia mente (*hegemonikon*) por el bien de nuestro carácter.

La virtud es de carácter binario: se tiene o no se tiene. Si la tienes, significa que encarnas por completo las cuatro virtudes cardinales: sabiduría, coraje, justicia y templanza. Si careces de ellas, es que aún estás en proceso de desarrollo.

El sabio estoico es el estoico ideal. Los sabios tienen un carácter excelente y son incapaces de cometer errores morales.

Los círculos de consideración nos recuerdan nuestro deber estoico de acercarnos a las personas y cuidar de ellas tanto como cuidamos de nosotros mismos. También nos recuerdan el deber de cuidado que debemos prestar a los animales, las plantas y el planeta.

Los papeles definen nuestras responsabilidades, ya nos hayan sido asignados al nacer (por ejemplo, en calidad de hijo o hija), por nuestras acciones, por nuestras preferencias personales, por nuestros jefes o por la sociedad. Nos ayudan a responder a la pregunta «¿Qué es apropiado pensar y hacer en esta situación?». Nuestro papel principal es el de ser humano.

El estoicismo es muy contextual. No hay una única forma de ser estoico, ni consejos generales que puedan aplicarse exactamente de la misma manera sin tener presente la situación en la que te encuentres. En su lugar, debes analizar tu situación y decidir qué es lo apropiado en ese momento, para ti, dados tus roles sociales.

Los estoicos sienten y expresan emociones; no son estatuas frías e insensibles. Sin embargo, son cuidadosos cuando se trata de reaccionar. A medida que avanzan hacia la *eudaimonia*, los estoicos se verán naturalmente menos afectados por las emociones negativas (por ejemplo, el odio y el rencor) y aprovecharán las positivas, todo ello sin la necesidad de forzar actitud positiva alguna.

Hay un Dios en el estoicismo, que se puede asimilar de alguna manera a la naturaleza, pero no es necesario creer en el Dios estoico para ser estoico o para que el estoicismo sea beneficioso. Dicho esto, la ética estoica se basa en la idea de que existe un Dios y que este es benevolente y observable. La idea de que la virtud es el único bien descansa sobre los hombros metafóricos del Dios estoico.

Vivir de acuerdo con la naturaleza es vivir de forma excelente y someterse a la razón divina.

Los estoicos creen que el destino sucede a través de nosotros, que no somos nosotros su último fin. Incluso si sentimos que solo tenemos una opción, siempre podemos elegir si hacerla voluntaria o involuntariamente.

La física y la lógica estoicas son inseparables de la filosofía estoica sin introducir incoherencias ni lagunas en la teoría subyacente. La física estoica se ocupa de cómo es el mundo, lo que incluye los procesos naturales y la naturaleza de Dios como presencia universal y observable. La lógica estoica es el arte de examinar nuestro razonamiento. Progresar por el camino de la *eudaimonia* y alcanzar una vida floreciente es un proceso lógico que requiere un pensamiento lógico.

EPÍLOGO

Esperamos que después de leer *¿Qué es el estoicismo?* comprendas mejor la filosofía estoica, incluidos sus principios y prácticas. También esperamos que estés en una mejor posición para decidir si el estoicismo, como filosofía de vida, es o no para ti.

El estoicismo me funciona a mí (Tanner) porque apuntala mi vida con un código ético al que puedo recurrir cuando reflexiono sobre cuestiones complejas. Su enfoque en la virtud ha cambiado mi forma de ver el mundo y me ha convertido en una persona mejor, en alguien con un carácter que busca el conocimiento que es la virtud. Me proporciona asimismo un enfoque intelectual para comprender mis deberes y responsabilidades para con la cosmópolis, mis amigos, mi familia y yo mismo, algo que ha mejorado en gran medida la calidad y el disfrute de mi vida.

El estoicismo es mi filosofía (Kai) preferida porque puedo utilizarla tanto en los momentos de tranquilidad como en los de penuria. Cuando me enfoco en el sabio, encuentro un grado extra de libertad y la fuerza y resistencia para seguir adelante cuando, de otro modo, no me vería capaz.

Por último, y esto lo suscribimos ambos (Tanner y Kai), tanto si el estoicismo es para ti como si no, te deseamos lo mejor en tu viaje de autodescubrimiento y mejora. Por eso te ofrecemos una lista de lecturas recomendadas al final del libro.

AGRADECIMIENTOS

Yo (Tanner) quiero dar las gracias a mi comunidad de oyentes, lectores y seguidores por su apoyo incondicional a mí y a mi trabajo. Gracias a Will Johncock por sus atentos comentarios sobre los primeros borradores de este libro; a Kai Whiting por animarme a escribirlo y aceptar ser coautor conmigo; y, por último, a mi esposa, Ross, y a nuestro hijo, Cailean: espero haberles hecho sentir orgullosos.

A mí (Kai) me gustaría dar las gracias a todos aquellos que han desempeñado un papel clave en mi vida mientras escribía este libro. Ya sabéis quiénes sois: LGC, TGFCW, CCW, GLW, HMC, MJ, SEF, AP, LK y, por supuesto, TOC. Gracias, especialmente, al doctor Leonidas Konstantakos por todas las discusiones académicas y sesiones de enseñanza que hemos tenido a lo largo de los años; muchas de nuestras conversaciones han influido en el contenido de este libro.

Queremos dar las gracias en nombre de los dos a Jason Gardner y a su equipo, incluidos Kristen Cashman, Cate Dapron y Howie Severson, de New World Library, por creer en nosotros como autores y en nuestra idea de escribir una introducción accesible pero seria al estoicismo. También agradecemos al profesor Aldo Dinucci su ayuda con el capítulo «Física y lógica estoicas». Y agradecemos tanto a la doctora Hanna Murray-Carlsson como a L. G. C. su atenta lectura y sus comentarios sobre los primeros borradores, así como sus útiles reflexiones y sugerencias a lo largo del proceso de redacción.

GLOSARIO

Aunque hemos diseñado este libro para que sea accesible, es imposible resumir una corriente filosófica sin utilizar al menos algunas palabras que, por lo general, resultan desconocidas para la mayoría de la gente. Por esa razón, hemos pensado que sería útil incluir un breve glosario de términos.

ASENTIR. Aceptar que una impresión (un juicio) es cierta.

CÍRCULOS DE CONSIDERACIÓN. El modelo conceptual estoico sobre cómo debemos vernos e interactuar con uno mismo, con los demás y con el planeta. Lo creó Hierocles el Estoico.

CITIO. Antigua ciudad de la isla de Chipre. La actual Lárnaca.

CORAJE. Una de las cuatro virtudes cardinales; la voluntad de hacer lo correcto, incluso en circunstancias difíciles.

COSMÓPOLIS. La ciudad mundial universal.

DESTINO. Lo que va a suceder a través de ti; lo que va a ocurrir a través del desarrollo de los acontecimientos y procesos naturales.

DICOTOMÍA DEL CONTROL. Expresión contemporánea utilizada para describir la división entre las cosas que podemos controlar y las que no.

HEGEMONIKON. La mente, la «facultad rectora del alma».

HIEROCLES. Antiguo filósofo estoico del siglo II de nuestra era. Autor del libro *Elementos de ética* y creador de la noción de los círculos de consideración.

IMPRESIÓN. Sentimiento o noción sobre una persona, situación o acontecimiento, algo así como una teoría no demostrada o un precursor de una suposición.

JUSTICIA. Una de las cuatro virtudes cardinales; equidad en nuestro trato con los demás y en la distribución de los recursos.

LOGOS. Razón divina universal que impregna todo el universo y que también conecta a todos los seres (vivos e inertes).

MÉTODO SOCRÁTICO. Forma de entablar un diálogo con el objetivo de identificar la verdad y reducir cualquier tendencia hacia un pensamiento erróneo, incluidos las impresiones y los juicios falsos.

ORÁCULO DE DELFOS. Mujer profetisa a la que acudían todo tipo de ciudadanos del mundo antiguo en busca de su sabiduría y consejo.

PNEUMA. El aliento divino; la fuerza que da vida a todas las cosas.

PÓRTICO. Estructura consistente en un tejado sostenido por columnas a intervalos regulares, normalmente adosado a un edificio a modo de porche.

PROKOPTÔN. Persona que progresa en el camino estoico. El plural es *prokoptôntes*.

PROSOCHĒ. La práctica de prestar atención a los propios pensamientos, acciones y actitudes para ser más capaz de tomar decisiones adecuadas. También puede considerarse una especie de vigilancia espiritual o atención plena sobre uno mismo.

ROLES SOCIALES. Conjunto de responsabilidades o deberes sociales o personales asignados por las propias acciones, por la sociedad o por las preferencias personales. Para algunos estoicos, Dios es el arquitecto de estos roles.

SABIDURÍA. Una de las cuatro virtudes cardinales; incluye saber lo que es bueno, lo que es malo y lo que no es ni una cosa ni la otra.

SABIO. Persona virtuosa, incapaz de cometer un error moral.

SOFISMA. Argumento ingenioso pero erróneo que suele utilizarse para engañar deliberadamente a un auditorio.

STOA POIKILE. «Pórtico pintado», el lugar público donde Zenón de Citio enseñaba el estoicismo.

TEMPLANZA. Una de las cuatro virtudes cardinales; autocontrol, una respuesta mesurada.

UNIDAD DE VIRTUD. La idea de que la virtud solo puede poseerse una vez que una persona encarna todas las virtudes cardinales.

VICIO. La ausencia de virtud (véase a continuación).

VIRTUD. La buena naturaleza moral inherente al carácter de una persona, en caso de que la posea; «una pericia o habilidad» y «un conocimiento que conforma toda la personalidad y la vida».[1]

VIRTUDES CARDINALES. Sabiduría, coraje, templanza y

justicia. Las cuatro virtudes que debemos encarnar plenamente para alcanzar un carácter virtuoso.

VIRTUDES SUBORDINADAS. Expresiones de las virtudes cardinales (por ejemplo, la piedad).

NOTAS

3. LA VIRTUD Y LOS INDIFERENTES

1   Tomado de la película *¡Socorro! Ya es Navidad / Vacaciones de Navidad* (Warner Bros., 1989).
2   Scott Aikin y William O. Stephens, *Epictetus's Encheiridion, A New Translation and Guide to Stoic Ethics* (Londres: Bloomsbury Academic, 2023), 14.
3   William O. Stephens tiene varios trabajos académicos en los que define y discute la importancia de los indiferentes estoicos, especialmente en lo que respecta a su aplicación a los retos medioambientales contemporáneos. Su interpretación nos ayudó a escribir este capítulo. Un ejemplo de su colaboración con Kai es Kai Whiting, William O. Stephens, Edward Simpson y Leonidas Konstantakos, «How Might a Stoic Eat in Accordance with Nature and 'Environmental Facts'?», *Journal of Agricultural and Environmental Ethics*, 33 (2020): 369-89.

5. LA DICOTOMÍA DEL CONTROL

1   Michael Tremblay, «What Many People Misunderstand about the Stoic Dichotomy of Control», *Modern Stoicism*, 30 de enero de 2021, https://modernstoicism.com/what-many-people-misunderstand-about-the-stoic-dichotomy-of-control-by-michael-tremblay.

6. EL *PROKOPTÔN* Y EL *PROSOCHĒ*

1 Christopher Fisher, «Prosochē: Illuminating the Path of Prokoptōn», *Traditional Stoicism*, 18 de diciembre de 2015, https://traditionalstoicism.com/wp-content/uploads/2018/03/Prosoche-Illuminating-the-Path-of-the-Prokopton.pdf.
2 Pierre Hadot, *What Is Ancient Philosophy?*, trad. Michael Chase (Cambridge, MA: Belknap Press, 2002), 138.

9. LOS CÍRCULOS DE CONSIDERACIÓN

1 Kai Whiting, Leonidas Konstantakos, Angeles Carrasco y Luis Gabriel Carmona, «Sustainable Development, Wellbeing and Material Consumption: A Stoic Perspective», *Sustainability* 10, n.º 2 (2018): 474.

11. LAS EMOCIONES

1 Jonathan Church, «How My Toxic Stoicism Helped Me Cope with Brain Cancer», *Quillette*, 23 de enero de 2019, https://quillette.com/2019/01/23/how-my-toxic-stoicism-helped-me-cope-with-brain-cancer.
2 Margaret Graver, *Stoicism and Emotion* (Chicago: University of Chicago Press, 2007), 4.

12. EL DIOS ESTOICO

1 «Porque de tal manera amó Dios al mundo, que ha dado a su Hijo unigénito, para que todo aquel que en él cree, no se pierda, mas tenga vida eterna» (Reina-Valera).
2 La sura 4171 del Corán, por ejemplo, dice: «¡Gente del Libro! No sobrepaséis los límites en vuestra religión y no atribuyáis a Alá nada que no sea la verdad. El Mesías, Jesús, hijo de María, no era más que un Mensajero de Alá».

14. EL DESTINO

1 Hipólito, del siglo III de nuestra era, citado por A. A. Long y D. N. Sedley en *The Hellenistic Philosophers*, vol. 1 (Cambridge: Cambridge University Press, 1987), 572-73.
2 John Sellars, *Hellenistic Philosophy* (Oxford: Oxford University Press, 2018), «Chrysippus on Physical Determinism» en el capítulo 6.

15. LA FÍSICA Y LA LÓGICA ESTOICAS

1 Julia Annas, «Ethics in Stoic Philosophy», *Phronesis* 52, n.º 1 (2007): 58-87.
2 Véase A. A. Long, «Stoic Eudaimonism», en *Stoic Studies* (Oakland: University of California Press, 2001), 179-201; y A. A. Long, «The Stoic Concept of Evil», *Philosophical Quarterly* 18, n.º 73 (octubre de 1968): 329-43.

16. El estoicismo en resumen

1   Christopher Gill, «What Is Stoic Virtue?», *Modern Stoicism*, 21 de noviembre de 2015, https://modernstoicism. com/what.-is-stoic-virtue-by-chris-gill.

Glosario

1   Christopher Gill, «What Is Stoic Virtue?», *Modern Stoicism*, 21 de noviembre de 2015, https://modernstoicism. com/what-is-stoic-virtue-by-chris-gill.

LECTURAS RECOMENDADAS

Esperamos que después de leer *¿Qué es el estoicismo?* estés mejor preparado para trazar tu propio camino hacia la *eudaimonia*. Para ayudarte, te recomendamos algunas lecturas adicionales.

Nuestras recomendaciones se dividen en cuatro categorías: formativas, prácticas, avanzadas y clásicas. *Formativo* significa algo así como «fundacional» o «histórico». Entiéndase *práctico* como «consejos estoicos útiles para el día a día». *Avanzado* alude a «matizado, profundo o especializado». Y, por su parte, *clásico* significa «textos antiguos».

LECTURAS FORMATIVAS

Aikin, Scott y William O. Stephens, *Epictetus's Encheiridion: A New Translation and Guide to Stoic Ethics* (Londres: Bloomsbury Academic, 2023).

Inwood, Brad (ed.), *The Cambridge Companion to the Stoics* (Cambridge: Cambridge University Press, 2003).

Sellars, John, *Hellenistic Philosophy* (Oxford: Oxford University Press, 2016).
—, *Estoicismo* (Paidós, 2023).

LECTURAS PRÁCTICAS

Fideler, David, *Breakfast with Seneca* (Nueva York: W. W. Norton, 2021).
Irvine, William B., *Estoicismo para tu día a día* (Barcelona: Amat Editorial, 2023)
Robertson, Donald, *How to Think Like a Roman Emperor* (Nueva York: St. Martin's Press, 2019).
Whiting, Kai y Konstantakos, Leonidas, *Being Better: Stoicism for a World Worth Living In* (Novato, CA: New World Library, 2021).

LECTURAS AVANZADAS

Annas, Julia, *Intelligent Virtue* (Oxford: Oxford University Press, 2011).
Celkyte, Aiste, *The Stoic Theory of Beauty* (Edimburgo: Edinburgh University Press, 2020).
Gill, Christopher, *Learning to Live Naturally* (Oxford: Oxford University Press, 2023).
—, *The Structured Self in Hellenistic and Roman Thought* (Oxford: Oxford University Press, 2006).
Graver, Margaret, *Stoicism and Emotion* (Chicago: University of Chicago Press, 2007).
Hadot, Pierre, *La ciudadela interior* (Barcelona: Ediciones Alpha Decay, 2013).

Jedan, Christoph, *Stoic Virtues: Chrysippus and the Religious Character of Stoic Ethics* (Londres: Continuum, 2010).

Johncock, Will, *Beyond the Individual: Stoic Philosophy on Community and Connection* (Eugene, OR: Pickwick Publications, 2023).

Long, A. A. (ed.), *Problems in Stoicism* (Londres: Continuum, 2000).

—, *Stoic Studies*, vol. 36 (Berkeley: University of California Press, 2001).

Schofield, Malcolm, *The Stoic Idea of the City* (Chicago: University of Chicago Press, 1999).

LECTURAS CLÁSICAS

Epicteto, *Disertaciones* (Barcelona: RBA, 2009).

Epicteto, *El enchiridion* (Legendary Editions, 2023).

Marco Aurelio, *Meditaciones* (Barcelona: Arpa, 2023).

Rufus, Musonius, *Lectures and Fragments*. Cynthia King, trad., *Musonius Rufus: Lectures and Sayings* (CreateSpace Independent Publishing Platform, 2011).

Séneca el Joven, *Cartas a Lucilio* (Madrid: Editorial Cátedra, 2018).